아무것도 아닌 사랑이
　　　기적을 만듭니다.

이제 당신이 1 기적의
　　　주인공입니다.

　　베가드리며
　　심리　홍　종화

# 공부에 지친 학생들을 위한 심리 수업

_____ 님

님은 지금부터 시작하면 그 무엇이라도 할 수 있는 사람입니다.

늘 사랑합니다!

늘 응원합니다!


〈공부에 지친 학생들을 위한 심리 수업〉에 저의 마음을 담아

파이팅입니다!

# 공부에 지친 학생들을 위한 심리 수업

김종환 지음

99%의 노력을 움직이게 하는
1%의 따뜻한 심리 이야기

1학기편

북루덴스

# 스스로에게 의존할 수 있는 방법을 배워 보세요

—

**지성준(서울대학교 심리학과, 2022년 심리 수업 수강생)**

22년 2월 저는 아쉬운 수능 성적을 뒤로하고 재수할 것을 선택했습니다. 학원 입소 전까지 놀기만 한 탓에 제가 들어갈 곳이 어떤 환경이고 어떠한 제도로 운영되는지, 그에 앞서 재수라는 것이 얼마나 고통스러운지에 대해 명확히 인지하지 못한 채로 재수학원에 발을 담그게 되었습니다. 정해진 하루 일과, 주변의 어두운 낯선 이들, 똑같은 공부, 정해진 식단 그러다 수험생활 실패의 길이 열린 것을 인지하지 못했었죠.

대학에 가려고 학원에 입소한 사실을 망각하고, 현실에 대한 불평만이 가득할 무렵, 우연히 심리 수업이 있다는 것을 알게 되었습니다. 우연히 알게 된 이 수업에서 들었던 하나하나의 내용이 나를 다시 돌아보게 하였고, 재수를 '실패'라고 인식했던 제게 '또 다른 기회'라는 다른 해석이 있다고 깨닫게 해주었습니다.

심리 수업의 내용은 우리가 추측하는 심리학 개론 같은 이론 수업이 아닌 여러 학문에서, 실제 경험했던 것을 토대로 여러 이야기를 해주어 놀라기도, 재미있기도, 눈물도 흘리게 합니다. 그리고 심리 수업은 그 수업의 내용에만 의존하게 만드는 것이 아니라 자신을 스스로 치유할 수 있는 방법을 알려줍니다. 그렇기에 몇 년이 지난 지금도 심리 수업의 내용을 바탕으로 나 자신을 단단하게 만들 수 있습니다.

분명 각자의 노력이 가장 중요하겠지만 퍼즐 맞추기에서 한 조각이 없으면 그림이 완성되지 않듯이 저의 재수 생활 중 가장 중요한 부분의 조각을 심리 수업이 만들어 주었습니다. 그리고 이후 꿈조차 꿀 수 없었던 서울대학교에 입학하여 당당히 웃으며 행복하게 살아가고 있습니다.

대학에서도 힘든 일이 있을 때 김종환 선생님의 심리 수업 내용을 곱씹으며 버텨내곤 합니다. 수험생활 중 스스로를 괴롭히는 불안, 좌절, 집중력 저하, 대인 관계에 대한 심리적 해결책을 『공부에 지친 학생들을 위한 심리 수업』이 담고 있다고 확신합니다. 힘들 때 무작정 버티기만 하지 말고 자신에게 의존할 수 있는 방법을 찾아 보세요. 그 방법이 심리 수업에 있습니다.

# 심리 수업의 중요성을
# 절실히 느꼈습니다

—

**좌수환(한국외대 로스쿨 졸업 및 예비 검사, 2014년 심리 수업 수강생)**

공부생활은 무거운 짐과 같고, 공부로 인한 불안은 학생들을
불완전하게 만듭니다.

특히 시험 직전에는 더욱 그렇습니다. 두근거리고 혼미하
기까지 하죠.

이런 우리에게 그 짐을 가볍게 만드는 방법을 제시하는 수
업이 김종환 선생님의 심리 수업이었습니다.


대다수 학생이 심리 수업에 투자할 시간에 한두 문제를 더
푸는 게 득이라 생각할지도 모릅니다. 그럴 수도 있지만 저는

강한 마음을 원했습니다. 불안을 없애면 그것이 더욱 이득이라고 생각했습니다. 그 후 재수 생활과 로스쿨 과정을 거치며 저는 심리 수업의 중요성을 절실히 느꼈습니다.

　이번에 김종환 선생님의『공부에 지친 학생들을 위한 심리수업』이 출간되었습니다. 심리 수업이 방황하는 저를 공부에 집중하도록 잡아주었듯이 여러분에게도 그 혜택이 전달되었으면 좋겠습니다.

# 심리 수업 그대로를
# 삶 속에 녹여내며

—

**홍한비(계명대학교 동산병원 외과 전공의, 2012년 심리 수업 수강생)**

열일곱 살 때, 저는 정신적으로도 육체적으로도 너무 힘들었습니다. 수험생활이 그 정도로 힘든 시기일 줄은 상상조차 못했습니다.

그때 만난 메가스터디 김종환 선생님의 심리 수업은 저에게는 엄청난 힘으로 작용했습니다.

선생님이 해주시는 여러 이야기를 통해 얻은 힘과 의지로 나머지 날들을 버텨낼 수 있었고, 그 힘이 그대로 이어져 꿈꾸던 외과 의사가 되었습니다.

이후에도 우여곡절이 많았지만, 심리 수업을 통해 단련된 마음과 스스로의 미래에 대한 믿음을 지닐 수 있었고 좀 더 수월하게 헤쳐 나갈 수 있었습니다.

지금까지도 저는 김종환 선생님의 심리 수업 그대로를 삶 속에 녹여내며 당당하고 멋진 삶을 기대하며 살아가고 있습니다.

김종환 선생님의 『공부에 지친 학생들을 위한 심리 수업』이 저와 같이 힘든 시기를 보내고 있는 학생들에게 힘과 의지가 되기를 바랍니다.

"네가 지금 느끼는 고통은 단순한 고통이 아니라
네가 성장하고 있다는 증거 바로 성장통이다."

미국의 톱배우 톰 크루즈가 주연으로 나온 '미이라'라는 영화가 있습니다. 톰 크루즈가 맡은 역할은 보물 사냥꾼입니다. 보물이 있다는 정보를 얻고 조수와 함께 그 지역을 찾아갔습니다. 톰 크루즈는 엄청난 보물을 발견할 생각에 너무도 신나 하는데, 옆에 있는 조수는 표정이 어둡죠. 조수가 이야기합니다. "여기를 꼭 파헤쳐야 하나요? 글을 보니 '하람'이라는 단어가 있는데, 이 단어는 '저주'를 의미하는데요." 그 말을 들은 톰 크루즈는 웃으면서 이런 이야기를 합니다. '하람'이라는 단어는 '저주'가 아니라 바로 '보물'이라고요. 이후 이 단어가 보물이 되었는지, 저주가 되었는지는 영화를 보며 한번 확인해 보시고요. 그 대사의 의미는 우리가 어떤 단어를 어떻게 인식하느냐에 따라 행동이 달라진다는 것입니다. 어떤 단어가 우리의 마음에 습득되느냐에 따라 때로는 동기부여가 되고, 때로는 불안하고, 자신을 향해 비난하기도 합니다.

실패라는 단어를 인식하고 시작하는 학생 여러분은 불안이라는 감정을 가지고 하루하루를 지낼 수 있습니다. 뭔가에 압박당하는 생활을 할 수도 있지요.

어느 한 마을에 갔는데, 험악하게 생긴 사람이 자신을 쫓아오는 느낌이 듭니다. 자신도 모르게 벗어나려고 도망을 치죠. 골목길에 들어갑니다. 이리저리 좌, 우, 좌, 우 열심히 도망칩니다. 20분이 지날 때쯤 뒤를 돌아보니 뒤쫓는 사람은 보이지 않습니다. 그런데 이때의 나는 처음 출발했던 자리까지 돌아갈 수 있을까요? 집중력을 모아서 주위를 인식하며 길을 간 것이 아니라 도망치는 감정에만 급급했기 때문에 처음 목표했던 길로 나아가려면 몹시 어려움을 느낄 것입니다.

그렇죠. 우리가 '불안'이라는 감정을 지닌 상태로 또다시 실패할까 불안해하며 공부한다면 집중력이 떨어져 몸은 지치고 제대로 된 학습효과가 나오지도 않습니다.

이 책은 공부하는 여러분에게 조금씩 긍정적인 마인드를 심어주고자 하는 마음으로 만들었습니다. 『나의 문화유산답사기』라는 책에서 유흥준 작가가 이런 말을 했습니다. "아는 만큼 보인다."

긍정 마인드를 아는 것과 모르는 것은 자신을 바라보는 해석을 달리할 수 있습니다.

『공부에 지친 학생들을 위한 심리 수업』이 학생 여러분에게 작은 선물이 되기를 바랍니다.

고맙습니다.

**차례**

 지금,
**3월** 많이 힘든가요?

**4월** 지금,
나를 사랑하며

# 지금,
# 내가 잘하고 있다는 증거

5월

# 지금, 나는 더 잘할 수 있다

**6월**

3월

# 지금, 많이 힘든가요?

# 첫째 주
# 마음 다지는 수업

## 강한 멘탈로

준비, 공부 시작입니다.

우리의 공부는 이미 시작되었습니다. 그런데 아직까지 마음을 못 잡고 갈팡질팡하는 친구들이 참 많이 있습니다.

'내가 지금 하는 게 맞나?'

'내가 지금 원하는 게 이건 아닌 것 같은데'라는 생각에 갈팡질팡하는 일이 많이 있을 겁니다. 저는 이런 얘기를 해주고 싶어요.

"일단 시작하십시오!"

나중에 후회하지 않는 것이 가장 중요하니까요. 이 심리 수업의 시작하는 이야기를 어떻게 해야 하나, 정말 고민하다가 저의 부끄러운 점도 한번 드러내기로 하였습니다.

## 다미와 서리

공부의 시작은 '강한 멘탈'이라는 것을 아실 겁니다. 부끄럽게도 저는 학창 시절에 이 '멘탈'의 개념과 중요성에 대해서 전혀 몰랐습니다. 저 자신만을 생각했기 때문에 어떤 문제가 생기면 그 원인은 오로지 저에게 있다고 생각했어요. 그리고 저 자신을 질책하기만 했죠. 그렇다고 나아지지도 않았습니다.

저는 학생들하고 상담을 참 많이 합니다. 1년 상담 건수만 최소 1천 건 이상인데요. 늘 그렇게 진행하는 것 같아요. 그런데 1천 건 이상을 하면서 살펴보니 그중에 절반 이상이 제가 학창 시절에 가졌던 문제들과 내용이 같았어요. 심리 선생인 저는 학생들이 왜 그런지 그 답을 알고 있어요.

멘탈이라는 건 사람마다 분명히 다릅니다. 물론 선천적으로 태어났을 때부터 강한 멘탈을 가진 사람이 있긴 있어요. 그런데 강한 멘탈이라는 건 무엇입니까? 외부의 요인에 의해서 내가 흔들리지 않는 것을 얘기하는 겁니다. 아무리 흔들어도 굳건한. 여러분 친구들 가운데서도 그런 사람 많지 않아요? 분명히 뭐라고 하더라도 "그래, 그래"하며 넘기는 친구들이 있잖아요. 그 친구들을 '강한 멘탈'의 소유자라고 이야기합니다.

주위에서 제게 "야~ 역시 심리 선생님답다! 심리 선생님답게 멘탈이 강한 것 같다" 이런 얘기를 하시는데 저의 멘탈은 알고 보면 철저히 훈련된 결과물이에요. 저는 선천적으로 눈물이 많고 여리거든요. 저는 타인의 말 한마디에 상처를 잘 받는 유리 멘탈의 소유자였지요. 유리 멘탈의 소유자는 조금씩 보듬어 주고 조금씩 달래주어야 점점 더 멘탈이 강해지는데, 그건 주변인들의 힘이 크죠.

제 아버지는 부산, 특수부대 출신의 강한 남성성을 지닌 무서운 분이셨습니다. 아버지는 저에게도 강한 남성의 특징을 지닐 것을 요구하셨죠. 그런 기대에 비해 저는 눈물은 많고. 끈기는 없는, 요즘 말로 찌질한 사람이었어요. 뭐만 하면 툭툭 눈물을 흘리니 아버지는 그 꼴을 보기 싫어했죠. 무섭기도 하고 아버지의 기대에 못 맞춰서 속상하기도 했어요. 그러다 보니 저는 점점 더 용기가 없어지고 자신에 대한 신뢰감 자체가 전혀 없었어요. 그 시절에는 자존감이라는 단어 자체를 몰랐을 정도니까요.

이런 거예요. 여러분이 세상에서 가장 가난하다고 생각하는 나라에 가서 아이들한테 혹시 '배부르다'라는 단어를 아느냐고 물어보면, 아이들은 "몰라요"라고 말할 겁니다. 왜냐하면 그 아이들은 배불렀던 적이 없었기 때문이지요. 우리가 습득하고 사용하는 단어는 경험한 것에서 나옵니다. 맛있는 음식을 먹어봤던 사람에게서 '맛있다'라는 표현이 나오는 것처럼요.

저는 자존감을 몰랐어요. 그래서 '자존감이나 자신감을 어떻게 든 올리겠다'라는 생각을 해 본 적이 없었던 것 같아요. 어린 시절 저는 피하는 것이 습관이었고, 저의 주장을 펼친다는 생각은 꿈도 꾸지 못하고 눈물만 흘리는, 약한 아이였습니다. 그래서 아버지한 테 자주 혼나는 일상이 반복되었습니다.

멘탈이 약한 제 모습을 보며 저에 대한 미움이 생기는 동시에 아버지를 원망하기 시작했습니다. 제가 성인이 돼서 어느 날 아버 지께 "왜 그때 나를 좀 보듬어 주지 않고, 왜 그렇게 큰 소리로 윽 박질렀어요?"라고 한 적도 있어요.

저는 현재 딸 둘에 아들 하나인 세 아이의 아빠입니다. 저는 예 전부터 절대 '아버지'처럼 내 아이들을 대하지 않겠다고 다짐했습 니다. 아이들과 더 놀아주려고 하고, 더 웃으려 하고, 아이들에게 좋은 아빠가 되려 노력하고 있습니다. '근주자적 근묵자흑'(近朱 者赤 近墨者黑)이라는 말이 있어요. '빨간색을 가까이하면 빨간 색이 되고, 검은색을 가까이하면 검은색이 된다'는 의미입니다. 그 말대로일까요? 전 아이들에게 잘한다고 생각하고 살았는데, 감성 이 이성을 잡아먹는 순간 아버지와 같은 모습을 아이에게 보였습 니다. 어린 시절 아버지의 양육 방식을 저도 모르게 배웠던 것이 죠. 그 이야기를 해보겠습니다.

큰딸 다미는 저와 같은 여린 성격의 소유자입니다. 그런데 어느 날 다미가 어떤 잘못을 하길래 살짝 목소리의 데시벨을 올려서 큰 소리로 꾸짖었죠. 그랬더니 다미가 우는 거예요. 그때 저도 모르게 아버지처럼 큰 소리로 윽박질렀습니다. 그런데 다미가 갑자기 '바르르' 떨더니 말도 못 하는 거예요. 그냥 계속 울고만 있었죠, 그때 그 상황에서 저는 절 봤어요. 아버지가 나에게 했던 게 너무 싫었는데 제가 똑같이 하고 있었죠. 그 모습이 너무 싫었어요. '나 왜 이러지?' 하면서요. 아버지는 제가 우는 모습을 정말 싫어하셨는데, 저 역시 아이가 우는 모습에 제가 싫어했던 아버지의 모습이 튀어나오게 된 것이죠.

제 전공은 상담심리입니다. 저는 상담심리를 대학원에 가서 공부하게 되었는데, 상담심리를 선택한 가장 큰 이유는 저 자신은 저를 바꾸려 늘 노력했지만 항상 제자리인 게 너무 싫었다는 것입니다. 그에 대해 알고 싶어 전공을 하게 되었습니다.

다행인 건 전공 덕분에 제가 그 상황에 대응할 수 있도록 알려주는 심리학의 기초를 알고 있었다는 겁니다. 그래서 결국 아이 대하는 제 방법을 바꿨습니다. 아이가 울자마자 저는 아이를 향해 무릎을 꿇었어요. 그리고는 딱 이제 숨을 한 번 쉬고 "다미, 아빠한테 올래요?" 그리고 아이의 두 손을 잡았어요.

"아빠 봐봐. 다미야, 운다고 해결되는 게 아니야. 우리 다미가 얘기해 봐, 할 수 있어?"

아직 울고 있는 아이를 세게 끌어안았어요.

"할 수 있어! 운다고 해결되는 건 아니야. 다미, 아빠 닮아서 강한 아이야!"라고 이야기했어요.

"다미, 이 세상에서 가장 가장 강한 사람이 누구지?

"아빠! 맞아, 아빠."

"아빠 닮은, 아빠랑 똑같은, 아빠가 사랑하는 딸이 누구지?"

그랬더니 다미가 배시시 웃으며 "나"라고 대답합니다.


이렇게 대화하는 과정을 통해서 내가 화나는 감정을 바꾼 거예요. 점점 아이가 바뀌기 시작했습니다. 항상 울던 아이가 조금씩 조금씩 저한테 대항하기 시작해요. 그렇게 대항한다는 것은, 괜찮은 겁니다. 아이는 기본적으로 부모와 어느 정도 싸워야 해요. 싸우며 합리적인 의사결정이나 합리적인 어떤 설득의 형태를 가정에서 배웁니다. 그런 다음에 사회생활로 나가는 겁니다.

그렇게 다미는 강해졌죠. 예전에 큰딸이 유치원에 다닐 때 유치원 선생님께 연락이 왔어요. 가서 상담하는 과정에 이야기를 들어보니까 다미가 친구들한테 놀림을 당해 많이 울었다고 하더라고요. 슬펐어요. 괴롭힘을 당했다는 것보다 다미가 그 상황에 제대로 저항 한번 못했다는 것이. 그 이후로 저는 아이를 안아주고 또 안아주고 그렇게 보듬었습니다. 그 후 몇 개월이 지났습니다. 어느날 유치원 선생님에게 연락이 왔어요.

"다미 아버님, 유치원에 한번 오셔야 하겠습니다."

저는 걱정했어요. '이 아이가 아직도 자신을 표출하지 못하는구나, 드러내지 못하는구나. 좀 더 열심히 보듬고 이야기해야겠다'라는 생각을 하며 유치원에 갔죠. 선생님을 만났습니다.

"선생님 다미가 또 괴롭힘을 당했나요?"

걱정되어 물었더니 유치원 선생님이

"아니요. 아버님 그게 아니라 다미가 남자애들 둘을 때렸어요."

놀랐어요. 하지만 다미가 그애들을 때렸다는 것은 남자애들이 다미를 괴롭힐 때 저항하다 그런 것임을 알고 조금은 안도했습니다.

아~ 변화가 오기 시작했습니다. 지금 다미는 너무 강합니다. 뭐를 하더라도 강하고 힘세요.


둘째 아이 서리 역시 저와 같은 성향을 가지고 있더라고요. 선천적으로 다미보다 강한 아이인데도 어떤 상황에서는 계속 울기만 하더라고요. 저는 다미에게 했던 방식을 써야지, 하고 다시 무릎을 꿇으려고 하자, 다미가 먼저 달려왔습니다.

"아빠 나한테 맡겨!"

서리 앞에 다미가 딱 무릎을 꿇었습니다.

"언니한테 와 봐. 언니 손잡아 봐. 서리, 이 세상에서 가장 강한 사람이 누구야? 아빠? 맞아, 아빠야!"

"아빠 닮은 언니, 강한 언니 누구야? 언니, 맞아? 언니 닮은 내 사랑하는 동생 누구야? 서리."

다미는 서리를 세게 끌어안으면서 말합니다.

"운다고 해결되는 거 아니야!"

7살짜리와 5살짜리의 대화예요.

"서리, 넌 강해!"

## 자신을 보십시오

내 자신의 위치를 알아야 합니다. 누구든 선천적으로 물려받은 기질, 환경에 따라 스스로 형성된 성격이 있습니다. 그 성격이나 기질을 완벽히 무시한 채 오로지 타인의 모습이나 영상으로 좋아 보이는 것을 기준으로 잡지 마세요. 공부할 때 앉아있는 시간이 한 시간인 사람이 있고, 10시간이 기준인 사람도 있습니다. 분명히 다릅니다. 우리는 내 것은 보지 못하고 남의 것만 봅니다. 이것이 여러분의 멘탈에 영향을 줍니다.

갑자기 강한 멘탈이 생기지는 않습니다. 연마하는 시간이 필요하지요. 저는 40대 중반 나이까지 살면서 가장 잘한 선택이 있습니다. 바로 심리학을 공부했다는 겁니다. 물론 심리학을 공부하기 전에도 나름의 노력을 많이 했습니다. 그런데 아무리 노력해도 그 순간만 바뀔 뿐 바뀌지 않더라고요. 내가 나를 너무 싫어했습니다. 그래서 심리학을 공부하기 시작했던 겁니다. 누군가를 상담하기 위해서가 아니라 내가 너무 싫어서라는 이유예요. 그러다 알게

되었죠. 아! 내가 나를 싫어했던 이유가 나를 기준 삼은 게 아니라 타인을 기준 삼았기 때문이었구나! 내 자신을 기준 삼기, 그것이 강한 멘탈을 갖기 위한 첫 번째 시도입니다.

그리고 두 번째 시도가 뭔지 아십니까? 나를 보는 것입니다. 왜 이 성격은 이렇게 바꿔야 하고 저 성격은 또 이렇게 바꿔야 하고… 왜 이렇게 말하는 걸까요? 사람마다 다양한데 왜 똑같은 기준점만 가지고 이야기할까요?

여러분이 유튜브나 영상 매체를 보면서 느끼는 정말 대단한 사람들 있잖아요. 그 사람들이 하나하나 얘기했던 '나 이렇게 해서 성공했다! 난 이런 과정을 했다' 등을 보고 똑같이 따라 합니다. 그리고 실패합니다. 그런데 보십시오. 그 사람의 기준을 가지고 왜 여러분이 실패했다고 이야기하십니까?

아니에요!!

자신을 보십시오. 자기를 보십시오. 내가 어디서부터 시작해야 하는지 생각하고 조금씩 조금씩 나아가세요. 제가 여러분께 자신 있게 말씀드리는 건 이겁니다.

올해의 공부하는 시간, 저와 같이 가십시오. 여러분의 이성이 아닌 감성을 좋은 이야기와 함께하며 좀 더 끌어올려 드릴 겁니다. 의식과 무의식의 차이에서 내가 실수하고 내 마음이 아프다는 건 감정이지 이성이 아니죠. 그 감정에 대한 부분을 저와 함께하시면 됩니다. 그리고 자신을 다시 한번 되돌아보시고 자신의 기준점 첫 출발지가 어디인지 찾는다면 아마 여러분께 정말 많은 도움이 될 겁니다.

조금 힘들 수도 있는 이 시간. 마인드 코치 김종환, 저와 함께하신다면 아마 많은 도움을 얻으실 수 있다는 걸 제가 여러분께 말씀드리고 싶습니다.

**자신을 보십시오!**
내가 어디서부터 시작해야 하는지 먼저 생각하고 조금씩 조금씩 나아가세요!

## 나는 나를 좋아하기로

저는 심리 선생님이라는 직업을 가지게 되면서 강의하기 전에 반드시 철저한 준비를 합니다. 그래야 좋은 수업으로 많은 학생을 만날 수 있으니까요. 지금도 저는 훈련을 하고 있습니다. 그런데 사람은 기본적으로 가지고 있는 성질이라는 게 있어요. 기질 같은 거죠. 이 기질을 부정하지 마십시오.

지금부터 말씀드릴 이야기는 '어떤 상황이 와도 너를 싫어하지 마라'라는 것입니다. 이 문구가 어디서 나왔는지 이야기를 하면요, 바로 제 이야기입니다.

저는 지금까지도 계속 다이어트를 해요. 맨날 실패하고 또다시 시작하고, 이렇게 반복되는 과정에서 다이어트를 제대로 했던 어느 분이 정말 좋은 문구를 적어놨어요. 그것이 뭐냐 하면 '다이어트에서 가장 필요한 것은 그 어떤 것도 아니다. 채소 아니면 닭가슴살을 먹는 것도 중요하지만 더욱 중요한 건 어떤 상황이 와도 자기를 싫어하지 않은 것'이라는 말이었어요. 전 이 말에 감동했어요.

왜냐고요? 제가 수험생활을 하는 학생들하고 나누는 상담 중에 이런 얘기 진짜 많이 나와요. 열심히 하다가 모의고사를 쳤는데 원하는 성적이 아니네요. 그때 자기를 좋아할까요? 싫어할까요? 싫어해요. 싫어하는 나에 대한 마음을 가지고 있으면, 그다음 날 다시 내가 집중해서 열심히 공부할 수 있을까요? 아니면 자기 자신을 그냥 내려놓을까요? 내려놔요. 내려놓는 시간은 계속해서 점점 진행됩니다. 진행되면 될수록 더욱더 빠져나오기 쉬울까요? 아니면 더욱더 그곳에 머무르기 쉬울까요? 그렇죠. 아무리 노력해도 돌아오기는 쉽지 않아요.

그래서 중요한 것은 나를 싫어하지 않는 거죠. 제 학창 시절을 말씀드리면 저는 그 시절에 썩 좋지는 못했어요. 특히 중학교 때, 친구들한테 괴롭힘을 굉장히 많이 당했습니다. 괴롭힘을 당하면서도 항상 자신을 바라보지 못하고 타인의 시선을 신경 썼어요. 친구들이 저를 괴롭히는데도 저는 외부 요인에 대한 상처를 보기만 하고 그 탓만 했었어요.

"그들만 없다면, 그들만 없다면, 그들만 없다면…"

아니면

"나는 용기가 없어. 나는 바보야, 나는 실패자야."

이렇게요.


항상 마음 졸여가면서 그들을 피해 다니며 어떻게 하면 그 순간을 피할까 생각하는 근성만 삼 년 동안 키웠습니다. 솔직히 변한게 없죠. 그리고 이후, 아주 조금 변했어요. 고등학교 때는 어떻게 변했는지 아세요? 그냥 사람들의 비위를 맞추기 시작합니다. 중학교 때처럼 또 상처받을까 봐 무서워서 그들에게 그런 척, 좋은 사람인 '척! 척! 척!'만 해왔어요. 나를 위해서가 아니라 그들을 위해서였죠. 본질은 변한 게 없었죠. 그렇게 저는 학창 시절을 보내고 맙니다. 저에게 문제가 있다는 걸 조금도 느끼지 못했었어요.

예를 들어서, 중학교 때 어떤 폭행을 당하잖아요. 그러면 내가 강해지면 돼요. 맞서려고 하면 되는 거예요. 격투기 도장을 찾아가든지 권투 도장을 찾아가든지 뭔가 맞서는 방법을 찾아서 내가 좀 더 강해지면 그들은 건들지 않아요. 그런데 내가 나를 너무나도 싫어하다 보면 나에 대해서 해결책을 찾지 못해요. 마치 다이어트를 하다가 줄곧 실패만 하는 사람들처럼요.

이들을 보면 특징이 뭔지 아십니까? 체중계 위에 올라가는 걸 무서워한대요. 회피하는 거죠. 그래서 점점 살이 찌듯이! 그것과 마찬가지예요. 결국 그 순간 자체를 벗어나지 못하고 지속되는 거죠. 저도 그랬어요. 그래서 고등학교 때 결국 다른 방법을 쓴 것이죠.

## 자기 자신을 바꾸기 쉽다는 걸 알아야 합니다

근데 재밌는 게 뭔지 아십니까? 어느 학생이 제게 이런 상담을 했어요. "중학교 때 그렇게 괴롭힘을 당하다가 고등학교 때 그들에게 잘 보이기 위해서 함께 놀겠다고 그러니 좋아지곤 했다"는 이야기인데요. 이런 이야기를 자주 듣습니다. 저와 똑같은 거죠. 근데 제가 그 학생에게 다시 물어봤습니다.

"너 스스로는 뭐가 변했니?"

없대요. 그렇습니다. 제가 여러분께 이런 얘기를 하고 싶어요. 공부생활뿐만이 아닙니다. 여러분이 겪게 될 대학 생활, 직장생활도 마찬가지예요.

인간관계에 놓인 여러분의 모든 상황에서는 타인에게서 상황에 대한 모든 답을 찾지 마세요. 여러분이 바꿀 수 없는 겁니다. 결정권은 타인에게 있으니까요. 실제 "A 때문에 힘들어요." "B 때문에 힘들어요." 이런 말을 하는 경우가 굉장히 많거든요. 그럼 A나 B를 바꾸기 쉬울까요? 자기 자신을 바꾸기 쉬울까요? 맞아요.

자기 자신을 바꾸기가 훨씬 쉽다는 걸 아셔야 합니다. 어떤 상황이라도 여러분 스스로 싫어하지 않는 마음이어야 합니다. 끝까지 자기 자신을 좋아해야 합니다. 그럼 어떻게 해야 하죠? 말하는 것이 쉬워요. 쉬운 것부터 하십시오. 좋아한다는 말이라도 계속하시면 돼요.

　제가 매일 하는 것 중 하나가 있습니다. 아침에 일어나서 화장실 가죠. 화장실 가면 거울이 있잖아요. 거울 보면서 항상 "종환아, 오늘도 부었네! 부었지만 그래도 너 참 괜찮다"라고 말하며 하루를 시작합니다. 또 집에 돌아오면 샤워하잖아요. 샤워하고 난 다음에 거울을 봤을 때 "되게 괜찮은데!"라고 말하죠? 아니라고요? 말해보세요. 저는 매일 수십 번 말합니다. 누구도 아닌 나 자신을 위해서요. 자아존중감? 별거 아닙니다. 어렵게 접근하니까 어려운 거예요. 무슨 자존감을 나 말고 딴 데서 찾으십니까? 첫 번째로 거울을 보면서 스스로 칭찬하고 격려해 보세요.

　이 행동이 바로 자존감 상승의 시작인 거죠. 계속 반복되다 보면 결국 어떤 상황이 왔을 때도 자기 자신을 싫어하지 않을 수 있습니다. 때론 내가 원하지 않는 감정 표현이 나올 때가 있습니다. 이때는 이성으로 판단을 못 해요. 순간의 상황은 이성이 아닌, 감정이에요. 내 감정이잖아요. 욱하는 거 감정이잖아요. 화내야죠. 이거 아니잖아요. 그렇죠? 여러분이 매일 매일, 순간순간 자기를 좋아하는 그 표현을 했을 때 여러분이 원하는 바로 좋은 감성이 나타난다는 것을 꼭 아셨으면 좋겠어요.

　어렵게 생각하지 마시고, 자신의 마음속 감성을 들여다보세요.

자기 자신을 바꾸기 쉽다는 걸 아셔야 합니다.

표현없는 사랑은 상대가 느끼지 못합니다.

## 70%의 계획으로

조금 재미있는 이야기를 준비해 봤습니다. 보통 카지노에는 시계, 거울, 창문이 없다고 합니다. 도박이라는 단어와 게임이라는 단어가 같이 공존하는 곳이 카지노인데 어떨 때 도박이고 어떨 때 게임인지를 알아야 합니다. 도박과 게임의 차이는 딱 하나입니다. 그건 바로 집착이죠. 집착이 존재하는 형태에 따라서 결국은 도박이냐 게임이냐의 갈림이 결정된다는 겁니다.

"돈은 행복에 가깝습니까? 아니면 불행에 가깝습니까?"라고 물으면 실제로 행복이라는 이야기를 많이 합니다. 그런데 만약, 내가 돈만을 벌겠다는 생각, 즉 집착이 강한 분은 돈 말고는 다른 것을 보지 않기 때문에 불행해지는 경우가 많습니다. 그 집착이 나올 수밖에 없는 여러 가지 이유가 있습니다. 시계, 거울, 창문이 없는 공간인 카지노를 보면서 그 이유를 알아보죠.

학습으로 말하면, 시계는 공부 계획입니다. 일정한 시간에 내가 무엇을 해야 하는지를 습관적으로 따라가게 합니다. 점심시간이 되니까 밥을 먹어야겠다, 저녁 시간이니까 밥을 먹어야겠다… 그렇게 각 시간에 맞는 우선순위를 알려주는 거지요.

그런데 카지노에는 시계가 없다 보니까, 사람들은 내가 그 안에서 머무는 시간이 점심시간인지, 저녁 시간인지 아니면 밤인지를 아예 알지 못하는 거예요. 스포츠 경기에서 보면, 특히 농구를 예를 들면 상대편의 흐름이 굉장히 좋을 때가 있습니다. 그때는 잠시 그 경기를 끊어버리는 거 아시죠? 그것처럼 내가 지금 그 카지노에서 게임을 하는 중에 그 흐름을 끊어버린다면 그때 자기 자신을 돌아보기 때문에 '좀 쉬었다 하자'라고 생각하며 게임을 중단할 수도 있다는 말입니다. 그래서 그 성찰 도구 중 하나인 시계를 없앤 거죠.

그럼 앞서 이야기한 '계획'에 대해서 첫 번째 설명을 하겠습니다. 학생들에게 '계획'이 왜 중요한지 물어보면 제대로 대답하는 사람은 없는 것 같습니다. 공부 중 계획이 중요한 이유는 그 과정을 통해 여러분의 위치를 정확하게 파악할 수 있기 때문입니다. 예를 들어서, 현재 내가 영어가 90점이고 수학이 50점입니다. 그런데 이과예요. 입시(정시) 전형에 따르면 수학이 더 중요한 건 아시겠죠? 만약 이런 상황에서 내가 하루에 10시간이라는 시간이 있다면 영어에 신경을 더 많이 써야 합니까? 수학에 신경을 더 많이 써야 합니까? 맞아요! '수학'이죠. 영어는 2시간 공부하고 나머지 8시간은 수학으로 공부해야 하는 게 맞아요. 아시죠?

하지만 대부분의 학생은 부족한 과목을 공부하기보다 공부했을 때 뭔가 성취감을 얻고 만족감을 주는 공부를 우선하죠. 그렇기에 안타깝게도 자기도 모르게 이 8시간 공부하는 내용이 영어로 자연스레 바뀝니다. 그리고 결국 시험 칠 때 10시간씩이나 공부했지만 수학 점수가 올라가지 않았다고 스스로 좌절감에 빠집니다. 하지만 이건 착각이 만든 좌절감이에요.

잘 보세요! 계획이라는 건 이런 겁니다. 현재 내가 국어는 잘하기 때문에 어떻게 해야 합니까? 국어 하루 분량을 2시간으로 하고 수학 8시간 확실하게 잡아놓잖아요? 그럼 그대로 따라갑니다. 하지만 어떤 계획이 없는 사람은 내 기분과 감정에 이끌리는 대로 공부하다 보니까, 잘하는 과목은 1점, 2점, 3점… 착착 올라가지만, 수학은 1점, 2점, 3점 올라가도 티도 안 나죠. 점수는 최소 10점 더 올라가야 티가 나기 때문이죠. 그러다 보니 "나는 수포자다!" "뭔가 해도 안 된다!" 이런 이야기가 나오는 겁니다.

그래서 시계로 상징되는 것, 즉 계획이 중요하다는 겁니다.

## 자기 자신을 되돌아본 적이 언젠지를 기억해 보세요

두 번째는 거울이에요. 학생들에게 항상 하는 이야기가 있어요.

"자기 자신을 되돌아보고 자기 자신의 감정을 제대로 읽을 줄 알아야 한다." 이 말처럼 해야 하는데 나 자신을 돌아보는 계기가 되는 게 거울이에요. 학생들에게 저는 한 번씩 물어봅니다. "스스로가 부정적이라고 생각하니? 아니면 긍정적이라고 생각하니?" 안타깝게도 많은 학생들이 스스로가 부정적인 것 같다고 대답합니다.

그 이유가 뭘까요? 왜 부정적일까요? 여러분은 스스로 부정적으로 생각하는 이유에 대해서 한번 생각을 해봐야 합니다. 미래에 대한 어떤 불안, 어떤 불확실성이 있잖아요. 어떤 상황을 볼 때 부정적으로 해석하는 친구들은 과거 경험에 대한 부정적인 기억이 있습니다. 한번 실패를 경험하고 좌절감을 느낀 친구들이라면, 그 기억이 자신의 감정에 스며들어 미래와 현재에 대한 관점이 부정적이라는 것이 일반적인 인식입니다.

무슨 말인지 아시겠죠? 자기 자신을 되돌아본 적이 언젠지를 기억해 보세요. 대부분이 안 좋을 때예요. 대부분 뭔가 실패했을 때예요. 내가 뭔가 행복하고 즐거울 때는 항상 옆에 누가 있기 때문에 자기 자신을 못 봐요. 영화나 드라마 보면요, 정말 쾌락에 빠진 사람들은 항상 누군가와 함께 있어요. 그러다가 나중에 잘못되어 후회라는 감정을 나타낼 때가 있는데 그 순간 잘 보면 그 매개체는 거의 거울입니다.

자신을 돌아볼 때, 항상 저는 강조하는 게 있어요. 행복할 때, 즐거울 때, 성취감을 느낄 때, 다시 말해서 자존감이 올라가는 그 순간에, 자신을 돌아보고 그것을 기억해야 합니다.

## 나만을 바라보고 나만을 바라보니…

그리고 마지막으로 카지노에는 창문이 없죠, 창문은 뭐죠? 세상을 바라보는 관점이에요. 봄, 여름, 가을, 겨울 그리고 비가 오거나 눈이 오는 각각의 상황에 따라 나의 감정 변화가 일어나지요. 그런데 창문이 없으면 세상을 바라보지 못해서 나의 시야 자체를 폐쇄적으로 만듭니다. 결국 나만을 바라보고 또 그렇게 나만을 바라보니 돈의 게임에 집착하는 나에 대해서만 생각할 수밖에 없게 되는 겁니다.

여러분은 미래를 바라보는 도구로서의 창문이라고 생각하시면 돼요. 여러분은 공부하다가 '과연 이게 맞을까? 또 실패하면 어떡하지?'라고 생각하는 경우가 많을지도 모릅니다. 왜 그런 생각을 하죠? 그건 내가 자신을 돌아보지 못하고 나를 돌아볼 때 항상 부정적인 측면으로만 보게 되니 결국 미래를 바라보는 관점이 항상 부정적일 수밖에 없다는 겁니다. 이 세 가지 이야기를 종합해 보면 학습할 때는 시계, 거울, 창문이 정말 중요하다는 걸 알 수 있죠.

이제 공부를 시작한다면, 먼저 계획을 잡으십시오! 계획은 정말로 중요합니다. 계획을 잡고 난 다음에는 살짝 못 미치는 70%나

80%만 달성해도 돼요. 왜 100%만이 올바른 답이라고 생각하시나요? 오늘 70% 했다면 내일은 71% 그다음 날은 72%, 73% 차근차근 달성하는 겁니다. 100%를 채워갈 생각은 하지 않아도 됩니다. 딱 오늘 100이라는 수치를 잡고 오늘 100을 못 미쳐서 "역시 나는 안 돼!"라며 스스로 무너진다면 결국 여러분은 마지막 골인 지점까지 갈 수 없을지 모릅니다.

부정적인 인식이 자리하면 거울을 통해서 나를 돌아보거나 창문으로 내 미래를 바라보더라도 결국 부정적인 측면밖에 보지 못합니다. 따라서 시험이 다가올수록 불안해지고 부정적으로 변해가요.

하지만 반대로 무조건 계획을 잡고 하나씩 하나씩 차근차근 실행해 보세요! 한 번씩 실패하는 경우라도 두 번 다시는 실패하지 않는 방법을 스스로 찾게 돼요. 그 과정에서 '나는 다음에 이 기회가 왔을 때 절대 실수하지 않는다'라고 결심하면 미래에 대한 창이 환하게 열릴 것입니다. 내 미래에 대한 모습을 더 긍정적으로 바라볼 수 있게 됩니다.

> 두줄요약
>
> 실패는 성공의 어머니가 아닌 실패의 어머니에 가깝습니다.
> 70%의 성공이 80% 성공을 기대하게 합니다.

# 둘째 주
## 적응 수업

## 쉬운 것부터

나이를 떠나서 누구나 공감하는 것 중 하나가 있습니다. 왜 우리는 돈만 내고 헬스장을 안 갈까?란 것이죠. 재미있는 건 헬스장에 돈만 내고 실제 안 오는 손님들 때문에 가격이 하락할 수 있다는 거예요. 예전에 제 기억으로는 한 달 비용이 보통 15만 원 정도 했었는데, 요즘 저희 동네 헬스장은 일 년에 22만 원 정도라네요. 그런데 과연 헬스장 운영이 제대로 될까요? 이야기를 들어보면 100명이 등록을 하면 6명에서 7명 정도만 매일 잘 찾아오고 나머지는 오지 않는답니다. 이걸 바로 엔젤투자, 다른 말로 '호구'라고 하는 거예요.

우리는 보통 돈을 내고 헬스장을 잘 안 갑니다. 비상식적이죠. 상식적으로 생각하면 분명히 돈을 내면 돈을 낸 만큼이라도 헬스장을 가야 하는 것이 맞는 거죠. 그렇게 되는 이유는 쉬운 동기와 어려운 동기에서 시작됩니다.

욕심이라는 게 있습니다. 여러분은 과욕이 좋아요? 욕심이 좋아요? 당연히 욕심이 과욕보다 나을 거예요. 그런데 과욕과 욕심을 나누는 게 과연 뭔지 생각해 본 적이 있나요? 여기에서는 자신의 위치를 정확하게 파악하느냐 파악하지 못하느냐에 따라서 과욕과 욕심이 달라진다는 것을 말합니다.

자신의 위치를 정확하게 파악하면 다음 단계를 잘 설정할 수 있는데 자신의 위치를 파악하지 못하면 그다음 단계를 파악하지 못하고, 내가 할 수 있는 것에 집중하기보다는 꼭 해야 하는 것에만 집중하는 거죠.

## 성공에 대한 경험이 쌓이고 쌓여야 해요

다시 예를 들어볼게요. 내가 서울대에 가고 싶죠. 그런데 내 위치를 정확하게 모르죠? 그럼 먼저 내 자신의 위치를 정확하게 파악하고 서울대에 가기 위한 단계별 접근을 해서 서울대까지 가는 목표를 세워야 한다는 거예요. 그것에 이용할 쉬운 동기와 어려운 동기라고 하는 것은 내가 할 수 있는 걸 정확하게 파악하고 있느냐 잘 모르고 있냐에 따라 완전히 다릅니다.

헬스장 가는 게 힘들어서 헬스장을 안 갈까요? 아니면 헬스장 가서 3시간 동안 웨이트 운동을 강하게 하는 것 때문에 헬스장을 안 갈까요? 대부분 힘들어서 안 간다고 해요. 다시 질문 던질게요. 헬스장 가는 게 쉬운 거예요? 아니면 헬스장 가서 3시간 동안 웨이트 운동을 하는 게 더 쉬운 거예요? 헬스장 가는 게 쉽죠? 그렇죠?

내 머릿속에 쉬운 목표가 생기면 행동으로 유발될 가능성이 커요. 하지만 생각 자체부터 어렵다고 하면 내가 그것을 제한하기 때문에 행동이 나오기 쉽지 않아요.

어떤 친구가 지금 5등급이에요. 그런데 최종 목표는 1등급이죠. 1등급이면 이 5와 1 사이에는 4가 있고 3이 있고 2가 있잖아요. 5등급이라는 현실을 인정하는 친구들은 먼저 4등급에 도전하고 노력해서 성공할 가능성과 성취감을 얻어요. 5등급에서 그냥 추상적으로 1등급을 받겠다고 막연히 생각한 친구들은 1등급이 아니면 실패라고 생각하여 중간에서 포기하는 경우가 많습니다.

욕심은 인간의 본성이기 때문에 나쁘다, 좋다 나눌 수 없습니다. 하지만 내 위치를 정확하게 파악했기 때문에 '4등급부터 하자!'라는 목표를 세우면 과욕에 의해서 만들어진 것보다는 성공할 가능성이 커지죠. 그런데 더욱 좋은 점은 성공에 대한 경험이 생긴다는 것입니다. 4등급도, 3등급도, 2등급도 성공이라고 인식하기 때문이죠.

성공에 대한 경험이 쌓여야지만 자기효능감, 즉 내가 얼마나 괜찮은 사람인지 알고 있다는 긍정적 사고방식이 시작됩니다. 성공이라는 경험을 통해서 성취감이 만들어지며 그러므로 자신감이 점점 올라갑니다. 그리고 어떤 일이든지 두려워하는 마음보다는 용기가 생겨서 무엇을 시작하든, 절대 두려워하지 않습니다. 그리고 그러한 과정에서 예민한 사람은 절대 끝까지 잘 못 버팁니다. 쉬운 목표를 잡고 그것들을 차근차근 해내는 걸 성공하신다면 좋겠습니다.

쉬운 목표를 달성하려면 자기 자신부터 아셔야 해요. 먼저 여러분이 헬스장을 가려면, 헬스장 가는 것에 집중하세요. 그리고 헬스장이 도착했을 때는 여러분이 그만큼의 행동 투자를 했지요? 그게 아까워서라도 여러분이 그곳에서 운동하는 사례를 만들고 그 사례를 계속 반복하다 보면 결국 여러분은 절대 엔젤투자자가 되지 않습니다. 머릿속에서 절대적으로 어려운 목표를 만지작거리지 마세요.

저는 헬스장에 안 가요. 집 근처 한강 둔치에서 뛰거든요. 제 목표는 한강을 5km, 6km 뛰는 게 아니라 일어나서 내가 편히 달릴 수 있는 복장을 딱 먼저 입고, 운동화 신고, 집 밖으로 나가는 거예요.

나가면 알아서 뛰게 됩니다. 그만큼 쉬운 목표가 여러분의 행동을 유발할 수 있는 가능성이 크기 때문에 실패가 두려워 시작도 못 했던 분이라면 이제부터 생각의 목표를 쉬운 목표로 잡으라고 강조합니다. 어렵게 잡으면 잡을수록 우리는 저항하는 힘이 생겨, 하려는 적극적 마음이 좀처럼 생기지 않습니다.

절대적으로 공부 열심히 하겠다 하면 오히려 잘 안 되죠? 그러면 딱 하나예요. 그래, 다른 거 다 필요 없고 일단 어떤 학습 영상 딱 켜고 난 다음에 이 분량만이라도 하겠다고 생각한다면 훨씬 더 그 수업을 잘 들을 확률이 높다는 것을 꼭 명심했으면 좋겠습니다. 조금 덜 나온 점수로 절대 미리 포기하지 마시고요. 마지막까지 파이팅하셨으면 좋겠습니다.

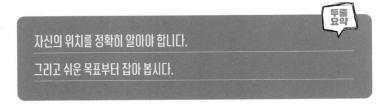

두줄
요약

자신의 위치를 정확히 알아야 합니다.
그리고 쉬운 목표부터 잡아 봅시다.

## 적응되기 시작한다는 생각부터

보통 사람들이 이야기할 때 지금 자신이 놓인 상황이 가장 힘들다고 이야기하는 경우가 많이 있습니다. 그런데 또 다르게 생각해 보면 그 순간만 지나가면 아무것도 아니었던 경우도 많죠.

아시는 분은 아시겠지만 저는 4년이 넘는 시간 동안 특수부대에서 군대 생활을 했습니다. 특수부대 생활을 했다고 하면 주위에서 "군대 생활 정말 많이 힘들었겠네요?"라고 묻는데 그때 당시는 정말 힘들었을지도 모릅니다. 그런데 지나고 생각해 보니 잘 모르겠어요. 얼마 전에는 군대 선배를 만나는 자리에서 서로 훈련에 관해서 이야기하는데, 힘들었다는 생각이 하나도 안 나더라고요. 생각이 하나도 나지 않는다는 게 무엇인지 아십니까? 그만큼 많이 힘들지 않았기 때문이에요. 뼈에 사무친다는 이야기 아시죠? 죽어도 잊을 수 없다는 이야기잖아요. 근데 힘들다고 했던 그 군대 생활이 그렇게 생각이 나지 않는다는 건 내가 버틸 만했기 때문이라고 생각합니다.

여러분 인생에서 한 번도 안 좋았던 적은 없습니다

저희 집 둘째가 유치원생이고 첫째는 초등학교 때입니다. 어느 날 둘째 딸과 함께 큰딸의 하교 버스를 기다리고 있었어요.

기다리니 큰딸의 초등학교 버스가 도착했습니다. 노란색으로 칠한 고속버스 아시죠? 그 정도 되는 큰 차가 왔어요. 이때 둘째가 버스에서 내린 첫째에게 이런 얘기를 하더군요.

"언니 좋겠다. 나도 얼른 초등학교 가고 싶다. 저 멋진 스쿨버스도 타고, 초등학생은 멋져 보인다!"

그 말을 들은 첫째 다미가 이렇게 말합니다.

"서리야, 부러워하지 마. 초등학생이 되고 보니 유치원생 때가 제일 좋았어."

참 재미있는 건 저도 유치원 다닐 때는 초등학교 빨리 가고 싶었어요. 빨리 뭔가 해보고 싶었어요. 그리고 초등학교는 때는 얼른 중학교 가보고 싶고요. 저희 때는 중학교 교복이 너무 멋있었거든요. 아빠와 같은 정장 스타일 옷! 그래서 중학교 빨리 가고 싶었고 그러다 다시 고등학교 빨리 가고 싶었고요. 고등학교 때는요, 빨리 대학교 가고 싶었죠. 대학교 때는 얼른 회사에 다니고 싶어요. 회사에 다니고 있으면 빨리 퇴직하고 싶어요. 은퇴하고 싶어요. 그죠? 직장인들과 상담을 하다 보면 물어볼 때가 있어요.

"많이 힘드신가요?"

"네, 아휴~ 그래도 대학교 다닐 때는 참 즐거웠습니다."

대학생하고 이야기를 하다 보면 고등학교 때 그렇게 좋았대요. 또 고등학생들한테 물어보면 뭐라고 할까요? 네, 중학교 때가 좋았대요. 중학생들한테는 초등학교 때 때가 참 좋았습니다. 초등학생들은 유치원이 좋았대요. **여러분의 인생에서 한 번도 안 좋았던 적은 없습니다.** 하물며 재수 생활 힘들다는 거 다 아시잖아요. 재수 종합반 시내에서 왔다 갔다, 통학 힘들어요. 기숙학원도 진짜 힘들어요. 근데 재미있는 건 뭔지 아십니까? 기숙학원 학생들하고 한 번씩 연락하다 보면 "선생님, 그래도 기숙학원 수험생활 때가 참 즐거웠습니다"라는 이야기를 항상 듣는다는 거죠.

여러분! 지금 순간 힘든 것이 아니라 내가 현재 단련된다고 생각하셨으면 좋겠어요. 저는 특수부대 생활하면서 정말 여러 방식으로 단련되었습니다.

예를 들어서 내가 1km를 뛸 수 있는 체력이 있다고 가정할게요. 훈련 첫날부터 10km를 뛰더라고요. 원래 체력의 10배죠. 와! 죽는 줄 알았어요. 다음 날 아침은 더 힘들었죠. 온몸에 통증이 퍼지고요. 근육통이, 와! 정말 아침에 죽을 것 같았어요.

제가 있던 부대는 처음 3개월 동안은 민간인입니다. UDT 영상을 보시면 아시겠지만, 내가 언제든지 이 훈련을 포기하고 싶다는 생각이 들면 나가면 돼요. 자율 의지예요. 근데 그게 더 힘든 거예요. 저도 몇 번이고 나가고 싶었어요. "아! 못하겠다" 그러면서도 버텼죠. 매일 온몸이 아팠어요. 자다가 몇 번씩 깨고 고통의 연속이었던 그런 생활이었습니다.

그런데 심한 근육통으로 걸음걸이가 어색한 우리들에게 교관께서 이런 이야기를 해주셨습니다.

"너희가 지금 느끼는 고통은 고통이 아니다. 점점 너희가 강해지고 있다. 단련되고 있다는 거다. 매일매일 단련되는 네 모습이 점점 좋아지기 시작할 거다."


여러분은 공부를 계속 해오는 동안 공부하는 생활을 하려면 멘탈이 강하다는 게 중요하다는 걸 아셨습니까? 처음 아신 분도 많을 거예요. 평소에 나는 한 시간 정도만 공부하는데 어느 날 어떤 목표가 생기고 다섯 시간씩 여섯 시간씩 자리에 앉아 공부하는 게 마음만 가지고는 쉽지 않죠? 1시간이 넘으면 그 순간 고통이 밀려올 수 있습니다. 힘들죠? 그래도 그때 느끼는 그것은 고통이 아니라 여러분이 점점 나아지는 순간 자체라는 걸 아셨으면 좋겠습니다.

군대에서 별의별 걸 다 했는데 용접도 했었어요. 용접하면서 용접용 마스크 쓰는 거 아시죠? 발생하는 그 열과 빛이 너무나도 세고, 눈이 장시간 동안 노출되다 보면 '눈에 돌 굴러간다'는 표현이 딱 맞습니다. 정말 아파요. 눈을 감아도 아프고 떠도 아픈데 뜨질 못합니다. 3일 동안 앓아누웠어요. 그런데 분명히 시력은 안 좋아지겠죠. 하지만 그것 역시 용접하시는 분들은 누구나 다 겪은 하나의 순간이죠.

그런 순간을 잘 버티신 분들은 예전에 10분만 그 빛에 노출되었어도 아팠지만 이제는 한 시간, 두 시간 노출되어도 괜찮아요. 그렇다면 공부하는 여러분들도 마찬가지일 겁니다. 여러분이 많이 힘들다고 생각하시죠? 그래도 여러분이 수험생활이라는 모든 상황에 점점 더 내가 적응되기 시작한다고 생각하신다면 매일 매일, 내일 하루가 기대된다는 것을 꼭 명심하셨으면 좋겠습니다.

오늘 하루 힘든 것이 아니라 오늘 하루 참 잘 해줬다 생각하기!

그러나 내일은 더 강해질 것!

여러분 인생에서 한 번도 안 좋았던 적은 없습니다.

지금 순간 힘든 것이 아니라 내가 현재 단련된다고 생각했으면 좋겠어요.

## 상상 자체를 접근 동기로부터

학생들과 상담하는 많은 이야기 중 가장 대표적으로 꼽는 건 역시 시험 불안이에요. "선생님, 시험 불안에 대해서 어떻게 생각하세요? 저 시험 불안 때문에 아무것도 안 돼요"라는 호소를 정말 많이 들을 수 있어요. 그런데 이 질문에 대해서 선생님들은 대부분 "아니야, 아무것도 아닌 시험이야!"라고 얘기하시는데 우리 학생들은 그렇지 않습니다. 아무렇지 않은 게 아닌 걸 알면서도, 아무렇지 않을 수 없다는 이야기죠.

많은 아이들이 저에게 '불안'에 대해 호소하면서

"선생님 제가 부정적인가 봐요."

"선생님 제가 문제가 있나 봐요."

이런 이야기를 많이 하는데 이것은 자신을 부정적으로 평가하기 때문에 나아질 기미가 보이지 않고 점점 불안해질 수밖에 없는 상황으로 가는 거예요. 그 과정에서 맺어진 것들이 시험에 대한 불안증으로 갈 확률이 크지요. 여기서는 제가 그에 대한 대책을 알려드리겠습니다.

보통 동기부여가 있잖아요. 동기부여를 좋은 쪽만 생각하시지 마십시오. 내가 나쁘게 생각하려는 동기도 있다는 거죠. 시험을 불안하게 하는 내 감정은 현재 감정에서만 시작된 것이 아니라 내 동기의 시작 자체가 잘못된 사례도 많다는 걸 인식하셨으면 좋겠어요. 동기부여! 여러분도 좋은 것만 생각하시죠? 아니에요. 자, 보세요.

## 접근 동기로 점점 더 자주 인식하다 보면

동기를 심도 깊게 살펴보기 전에 접근 동기라는 것과 회피 동기라는 것으로 나눠보겠습니다. 접근이 뭐예요? 말 그대로 접근하고 싶은 거예요. 그러니까 예를 들어서 내가 좋아하는 누군가가 있으면 가까이 가고 싶죠? 그런 행동이 나타나죠. 이걸 접근 동기라고 합니다. 그럼 회피는요? 예를 들어서 길을 가다가 내가 싫어하는 상대가 있으면 가까이 가려고 하지 않고 도망치려고 하잖아요. 회피하려고 하죠. 이것이 접근 동기와 회피 동기죠.

다른 예를 들어볼게요. "너 이번에 시험 못 치면 아빠한테 혼난다!" 이 말은 회피 동기일까요? 접근 동기일까요? 네, 회피 동기죠. 그럼 만약에 "너 이번에 시험 잘 치면 아빠가 너 좋아하는 축구 관람, 유럽행 축구 관람 티켓을 끊어줄게!" 와우! 좋죠? 접근하고 싶죠? 그래서 내가 시험을 잘 치면은 뭔가 이익이 되는 방식. 이게 접근 동기예요.

부모님의 자녀 교육 방식에 대해서 설명하면, 부모님께서 쓰시는 방법에서는 접근 동기가 많이 있을까요? 회피 동기가 많이 있을까요? 회피 동기예요.

"너 큰일 나!"

"그리 가면 안 돼! 다쳐."

이런 것이 다 회피 동기예요.

"공부 안 하면 안 돼", "공부 안 하면 평생 가난하게 살아."

"지금 안 하면 나중에 인생 살기 정말 힘들어."

뭔가 익숙하죠? 바보온달과 평강공주 이야기 아시죠? "울면 바보에게 시집 보낸다"라던 이런 말들이 모두 회피 동기죠.

"네가 공부했을 때 네가 원하는 꿈을 이룰 수 있고 네가 어떤 걸 했을 때 훨씬 더 행복할 수 있어!"

이렇게 교육 방식을 하시는 부모님보다는 회피 동기를 주는 경우가 더욱 많습니다. 그렇다면 접근 동기하고 회피 동기 두 가지가 있는데 여러분이 봤을 때는 접근 동기가 좋을 것 같아요? 아니면 회피 동기가 좋을 것 같아요? 회피 동기도 좋은 방법이고 접근 동기도 좋은 방법이긴 합니다, 다만 어떤 목표에 다가가는 기간에 대한 차이에서 이 둘의 차이가 발생하게 됩니다.

자! 봐요. 지금은 3월이잖아요. 그러면 수능은 11월이죠? 단기간은 아니죠. 장기간이죠. 장기간에 쓰는 방법으로 접근이 좋을까요? 회피가 좋을까요? 장기간의 목적을 위해서라면 바로 접근 동기를 활용하는 게 훨씬 더 유리합니다.

하지만 기간이 3월인데 다음 주 3월 중순에 있는 모의고사를 치르는 경우는 접근 동기보다는 회피 동기를 적용하는 게 훨씬 더 행동적으로 빠르다는 겁니다. 시험 치기 3일 전에 공부하는 게 훨씬 더 집중이 잘 돼요? 아니면 몇 개월 뒤 시험에 대비해서 공부하는 게 훨씬 더 집중이 잘 돼요? 바로 3일 전이죠.

그럼에도 불구하고 여러분이 회피를 쓰면 매번 치는 모의고사에 예민해지게 되죠. 절대적으로 시험에 둔감한 성격으로 보이지는 않는단 사실을 알아야 해요. 그렇다고 둔감한 성격으로 모의고사를 대하라고 하는 것이 아닙니다.

다만 회피 동기를 계속 쓰다 보면 그 회피 동기가 누적되어 자신에게 불안이라는 심한 감정을 불러일으키게 합니다. 불안이라는 감정을 습관적으로 지니게 되면서 모의고사를 대하면 긍정적 희망보다는 불안한 느낌으로 하루하루를 지내게 됩니다. 그래서 여러분은 '왜 내가 시험을 치고 왜 내가 공부를 해야 하는지'를 구성하는 동기가 회피인지 접근인지 알 필요가 있다는 거죠.

가지면 좋은 것을 가지지 못하면 '아쉬움'이라는 감정이 나타나지만 '가지지 못하면 절대 안 돼'라고 하면 '혹시라도 못 가질까'라는 '불안감'을 지닌 채 지내게 됩니다.

회피 동기일 경우, 그걸 바꾸는 방법을 알려드리겠습니다. 회피 동기 행동을 유발하는 특징은 강한 이미지와 강한 상상이 동원된다는 거예요. 그래서 상상 자체를 바꾸는 겁니다. 상상 자체를 접근 동기로 바꾸는 거죠. '수능 잘 치면 내가 좋아하는 여행 다니고, 수능 잘 쳤을 때는 엄마 아빠가 되게 좋아할 거고, 수능 잘 쳤을 때는 … 이런 식으로 접근 동기에 대한 상상을 계속 쌓다 보면 접근 동기가 점점 커지면서 회피 동기를 인식하지 못하게 만들 수 있다는 거죠.

다시 말해, 여러분이 긍정적인 접근 동기, 바로 상상을 계속하다 보면 부정적인 이 패턴이 없어지는 것이 아니라 긍정이 점점 커지면서 부정적인 부분을 인식 못 하게 되는 거죠.

제발 자만하지 마시고 지금부터 대비하길 바랍니다. 불안이라는 감정에 대해서 조금 예민한 성격을 지니신 분들이라면 회피 동기가 아니라 접근 동기로 돌리세요. 여러분이 접근 동기를 자주 인식하다 보면 모의고사에 대해서 불안하기보다는 '이 모의고사가 본시험이 아니라서 다행이다. 이 모의고사 때문에 수능 때 실수할 가능성이 줄어든다'라는 긍정적인 사고의 관점을 지닐 수 있다는 사실! 이걸 꼭 명심하시고요. 이렇게 모의고사를 대하다 보면 본시험도 같은 마음으로 대할 수 있을 겁니다.

점점 더 접근 동기로 꼭! 한번 노력해 보시기 바랍니다.

이 모의고사가 본시험이 아니라서 다행이다.

이 모의고사 때문에 본시험 때 실수할 가능성이 줄어든다.

네가 공부했을 때 네가 원하는 꿈을 이룰 수 있고 네가 어떤 걸 했을 때 훨씬 더

행복할 수 있어!

# 셋째 주
# 차분하게 생각하는 수업

## 현재 나의 위치

저에게 작은 쪽지를 남겨준 학생이 있었는데 성적 문제 상담 요청입니다. 학생들이 가지고 있는 기본적인 문제라고 할 만큼 많은 요청을 받는 고민입니다.

"성적은 오를 기미가 안 보이고 불안해져요. 지금 공부하고 있는 방법이 잘못된 것은 아닌지, 잠을 더 줄이고 공부해야 하는지 잘 모르겠습니다. 이런 상황을 잘 이겨낼 방법이 무엇인지 궁금합니다."

이 친구가 어느 시점에 위치하는지는 잘 모르겠지만, 고3이나 재수생 기준으로 본다면 지금은 시작도 안 한 것 같은데 벌써 성적 결과를 논한다는 건 욕심이 아닌 과욕에 가깝다고 얘기할 수 있어요.

과거에 사로잡힌 생각과 현재에 사로잡힌 생각 그리고 미래에 사로잡힌 생각이 있다면 긍정적인 사람과 부정적인 사람이 대하는 태도가 달라요. 부정적인 사람을 먼저 보도록 하죠. 그 사람은 과거에 사로잡혀 있어요. 흔히 얘기하는 꼰대죠. "나 때는 말이야"라는 말을 많이 하잖아요.

과거에 내가 이랬기 때문에 현재 자기 합리화를 통해서 자신은 변하지 않겠다고 합니다. 그리고 현재에 대해서도 "너무 지루하다, 재미없다" 등등으로 거의 무기력감에 빠져 부정적으로 현재를 바라봐요. 그리고 부정적인 사람은 자신의 미래 역시 불안, 즉 부정적으로 볼 수밖에 없어요. 그래서 '이전에도 못했으니까 현재도 안 되겠지?'라는 생각을 많이 한다는 이야기입니다. 그 결과 그 사람은 현재 내가 갖고 있는 것에 대해 믿지 않습니다. '이 길이 맞을까?'라며 혼자 힘들어합니다.

긍정적인 사람을 보겠습니다. 그 사람은 비교를 잘해요. 비교한다는 것은 좋은 겁니까? 나쁜 겁니까? 여러분이 이제까지 했던 것은 잘못된 비교였습니다. 내 위치에서 옆 사람과 비교하면서 '왜 나는 성적이 쟤보다 더 안 나오지?'라고 생각하는 것이 여러분이 이제까지 했던 비교예요.

그런데 긍정적인 사람은 비교를 이렇게 합니다. '내가 어릴 때는 정말로 가난했고 못살았다. 근데 지금은 남들이 봤을 때는 부자가 아니겠지만, 나는 부자다! 그 옛날 모습에 비해서 나는 너무나 발전했다'라는 긍정적인 평가를 합니다. 이해하셨죠? 그다음에 현재라는 관점이 있으면 '지금 무엇을 해야 하지?'라며 적극적으로 방법을 찾아보기도 하지요.

그래요. 이들은 할 수 있는 길을 찾기 시작합니다. 방법을 찾으면서 과정을 하나하나 차근차근 밟아나가는 것입니다. 현재의 관점으로 미래의 관점을 생각하거든요. 결국 내가 현재 하고 있는 것들이 나중에 언젠가 무조건 도움이 된다는 희망적인 메시지를 확인합니다. 하루하루를 착실하게 살아가는 특징을 가지고 있다는 이야기예요.

저에게 쪽지를 보내주신 친구 같은 경우는 공부를 시작한 지 얼마 안 되었다고 했지요? 저는 우리 학생이 부정적인 측면을 좀 많이 바꾸시면 좋지 않을까 생각해요.

낙천성이라는 말이 있고 낙관성이라는 말이 있잖아요. 낙천성이라는 것은 우리가 날 때부터 정해졌다고 하는 것입니다. 날 때부터도 조금 긍정적인 사람이 있거든요. 그런데 낙관성에서 관觀은 '본다는 것', 관점을 말하죠. 우리가 과거를 대하는 태도와 현재를 대하는 태도와 미래를 대하는 태도가 서로 다르다는 건 '관점의 차이가 있다는 것'을 말합니다. 내가 가지고 있는 경험으로 메

모리된 것들이 결국 내가 바라보는 모든 생각의 형태를 결정짓기 시작한다는 겁니다.

## 자신감이 떨어지는 학생들의 특징이란 과욕에 가까워요

학생들이 '지금 성적이 오를 기미가 보이지 않아, 어떡하지'라고 불안해하는 것보다는 현재 자신의 위치를 아는 게 중요합니다.

우리의 성향 중에는 욕심이라는 것이 있고 과욕이라는 것이 있습니다. 어느 쪽이 더 좋아 보이십니까? 아무래도 과욕보다는 욕심이죠. 둘 다 '욕欲'자가 들어가는 욕구에 대한 부분인데 비슷해 보이는 이 두 가지를 나누는 것이 바로 '자신의 위치를 정확하게 파악하고 있는지 아닌지'입니다.

예를 들어 헬스장에 다니다 보면 여러 사람의 운동 스타일을 봅니다. 생각보다 많은 분들이 과욕으로 시작하는 걸 볼 수 있어요. 여기서 과욕은 자신의 운동능력보다 무리해서 운동하는 것이죠. 헬스장에는 여러 가지 기구들이 있잖아요. 그 기구들을 잘 다루어 효과를 보려면 기구를 이용하는 자세나 또는 몇 회를 반복하는지가 중요한데, 무리하시는 분들은 운동 회수도 일정한 상태가 아니고, 기구 운동마저 무리해서 하시죠. 그 순간, 운동하는 자신의 모습을 자랑스러워해요. 하지만 다음 날, 그분들 모습은 보이지 않아요.

저는 심리 분야를 이야기하는 사람이기 때문에 국어, 수학, 영어에 관한 조언은 제가 드리는 것보다 여러분 주위에 있는 국어 전문가, 수학 전문가, 영어 전문가, 탐구 전문가에게 물어보라고 말해요. 그런데 여기서 중요한 게 하나 있습니다.

여러분께서 한 번씩 그 분야의 공부 방법에 대해 물어볼 때는 그 냥 물어보지 마세요. 학생이 개인적으로 상담한다는 것은 개인 상담을 받기 위한 겁니까? 아니면 공산품처럼 그냥 찍어내는 상담을 받길 원하는 겁니까? 그렇죠! 개인 상담이죠. 개인 상담이라는 것은 현재 내 자신에 대한 모든 정보를 전문가에게 알려줘야 합니다.

이때 자기의 생각으로만 말하지 마시고요. 여러분이 열심히 풀었던 거 있죠? 현재 고3이라면, 고등학교 1학년, 2학년 때 모의고사 시험지를 가지고 가서, 내가 풀었던 패턴, 바로 그 정보를 다 공개하고 난 다음에 선생님에게 물어보세요! 그러면 그 선생님께서 "너는 이러저러하니 지금 여기서부터는 이것을 조금 더 하면 되겠다"라고 차근차근 구체적으로 설명할 거예요. 그렇게 구체적인 답변을 듣고 그 방법을 믿고 따라간다면 훨씬 더 좋은 결과가 여러분에게 나타날 거라고 생각합니다.

나 자신의 수준을 파악하세요. 내 현재 수준이 20개라고 한다면 전문가에게 팔굽혀펴기하는 모습을 보이고 자세를 교정받으세요. 그리고 21개, 22개, 23개 점점 늘려가는 겁니다. 어때요? 100개에 가까워지죠?

자신의 위치에서 정확한 방법으로 조금씩 나아간다면 정말 멋진 결과를 기대해 볼 수 있을 것입니다. 그렇죠?

현재라는 관점이 있으면 '지금 무엇을 해야 하지?'를 찾아요.
'자신의 위치를 정확하게 알고 그 행동을 통해서 욕심을 가지라'고
이야기합니다.

# 나 혼자만 아는 욕심

우리는 '왜 나는 끈기가 없을까?'라고 생각할 때가 꽤 있어요. 그
거 아십니까? 끈기나 인내 그 자체는 문제가 아니에요. 끈기가 없
는 것 자체는 문제가 되지 않습니다. 사람들은 분명히 각자 타고
난 기질이 있어요. 끈기가 원래 있는 사람이 있잖아요. 워낙 집중
력이 좋아서 외부 요인에 대해서 차단하는 사람이 있거든요. 집중
을 잘하는 사람들이지요.

## 과욕과 욕심을 나누면 좋습니다

그런데 끈기를 과욕과 욕심으로 나눴으면 좋겠습니다. 욕심은
'나쁘다'고 표현하지 않아요. 왜냐하면 욕심이라는 놈은 사람의 본
성이에요. 본성! 누구나 인간은 크고 작은 욕심을 가지고 있습니
다. "나는 저 이성이 좋다. 사귀고 싶다." 이게 욕심이잖아요. 이런

사람의 기본 본성을 왜 나쁘다고 하세요? 욕심이 아니라 과욕이 나쁜 거예요. 과욕은 만들어진 나의 욕구이기 때문이죠. 과욕이 조금 안 좋고 욕심은 괜찮다고 하는데 왜 과욕과 욕심을 나눌까요?

그에 대한 답은 '내 기준에 맞는 욕구인가'라는 겁니다. 앞 장에서도 이야기했지만 그만큼 중요한 것이죠. 다시 학생 여러분의 예를 들어 강조해 볼게요. 이번에 내가 고3이 됐어요. 현재 5등급이에요. 그런데 무조건 1등급만을 목표로 하면 이게 과욕일까요? 욕심일까요? 다시 봅시다. '내가 현재 5등급인데 먼저 1등급 가기 전에 4등급부터 노려보자. 4등급부터 차근차근 올라가 보자'라고 하는 것은 욕심이에요? 과욕이에요?

현재 상황을 보지 않고 그냥 무작정 1등급만 바라보고 가는 학생들의 특징은 '내 위치'를 대부분 모른다는 거예요. 지도 없는 탐험길을 떠나는 거예요. 먹먹하죠. 이 친구들 특징이 또 뭔지 아세요? 과욕이 큰 학생들은 기본기가 약해요. 기본기가 약하다 보니까 어느 시험은 잘 치고 어느 시험은 못 쳐서, 시험 점수가 오르락내리락하는 게 굉장히 잦습니다. 그러면 자신의 마음에 불안증이 가중되지요. 공부할 때도 자신의 수준이 부끄럽습니다. 자신의 상황을 외면하는 거예요. 결국 과욕이 시작되죠. 이런 상황의 대처가 진짜 중요합니다. 제가 이걸 왜 말씀드리는 줄 아세요? 그런 상황이 나타난 사례를 많이 봤기 때문이죠. '자신의 위치 알기', 아무리 강조해도 지나치지 않아요.

과욕이 시작됐어요. 1등급만 내 유일한 성공이라고 분류합니다. 그러면 4등급, 3등급, 2등급은 성공이에요 실패예요? 이 이야기를 왜 자꾸 말씀드리는지 생각해보세요.

하지만 욕심은 '현재 5등급이니까 4등급부터 가보자'라는 수준으로 내 위치에 맞추어 공부하다 보니 4등급 갈 확률이 커지죠. 시기마다 점점 등급이 올라가는 걸 보게 됩니다. 그럼 무슨 마음이 생긴다? 성취감이 생기고 자신감의 충족도 보게 됩니다.

우리에게 과욕이 앞서면 자신감 자체가 올라갈까요? 내려갈까요? 자신감이 뭐예요? 신信자가 무슨 의미일까요? 믿음이에요. 나 자신을 믿는 거예요. 맨날 스스로 무엇인가를 해봤는데 계속 실패만 반복한다면 어떻게 될까요? 자괴감이 생기죠? 이 자괴감은 자존감, 나라는 존재 여부인 자존감을 조금씩 무너뜨려요. 그러다 보면 결국 나중에는 무기력에 빠져요. "나는 해도 안 된다." 여기서 멈추면 그래도 다행입니다. 그 안에 열등감이 슬슬 일어납니다. 이 몹쓸 감정은 비교 의식을 통해서 나 자신을 더욱더 눌러버려요. 이게 얼마나 무서운 건데요.

여러분 코끼리 아시죠? 서커스 코끼리가 덩치 어마어마하게 커요. 근데 코끼리를 잡고 있는 것을 보면 얇은 밧줄이에요. 그 큰 덩치가 한 번 발길질하면 그 밧줄은 끝나요. 그런데 왜 코끼리가 도망을 못 칠까요? 어릴 때부터 학습되어온 무기력감 때문이에요.

서커스 코끼리는 아기코끼리 때 어미하고 분리한 상태로 다리에다가 밧줄을 묶어놔요. 이걸 평생 습관으로 하다 보니 나중에 자신이 몸이 커졌는지, 내가 얼마나 힘이 센지 모르고 결국 혼자 서는 밧줄도 풀지 못한다는 무기력한 생각을 가지게 돼요.

이제 제가 왜 그리 자신의 정확한 위치를 돌아보라고 강조하는 지 아시겠죠? 단계별 학습 중요하다고 하죠? 모든 공부, 모든 생활 이 마찬가지입니다. 이제 과욕이 아닌 욕심을 부려 보세요. 성공했 죠. 성취감을 얻었죠. 자신감은 당연히 올라가요. 이제 나를 믿게 돼요!

## 여러분이 잡아놓은 기준점에 도달하는 것이 성공이에요

재미있지 않아요? 자존감이 올라가고 마지막에는 도전정신! 즉 새로운 것에 대한 두려움이 없어지고 '용기'라는 마음이 생기기 시작한다는 것. 이제 '나는 된다'는 마음을 가집니다. 실패한다고 해도 욕심에서 다시 시작하세요.

이제 3월인데요. 초반에 마음을 잘 잡으셔야 합니다. 단계별로

움직이세요. 성공이라는 게 뭔지 아세요? 여러분이 잡아놓은 기준점으로의 도달이 성공이에요. 내가 돈을 벌 때 '그래, 1천만 원까지 벌어보자!'라고 했던 사람은 1천만 원이 성공이죠. 그런데 어떤 사람은 목표가 1억이고 어떤 사람은 100억이죠. 성공의 기준은 각자가 잡는 거예요.

1월, 2월, 3월 초반에 여러분의 위치를 알고 욕심내기 시작해야 해요. 그때의 기준점 그것이 가장 중요하다고 저는 계속 강조합니다. 그때는 성공의 기준도 높이 잡지 마세요. 예를 들어서 '서울에서 부산까지 간다'라고 하면 부산에 도착하는 것만이 성공이지만 '내가 대전까지만 먼저 가보자' 마음먹고 시작하면 한 번의 성공 그리고 대구는 두 번의 성공 마침내 부산은 세 번의 성공이 돼요.

저는 마라톤 42.195km 코스를 뛰어봤거든요. 한 여덟 번 정도요. 체력이 좋아서 완주했던 것이 아니에요. 42.195km 풀코스를 달려보니 중간에 멈춘 사람들은 특징이 있더라고요. 그게 뭔지 아십니까? 그들은 대개 골인 지점까지의 긴 거리만 생각해요. 그런데 저는 항상 5km만 버텨보자 마음먹고 시작해요. 5km 8번 버티면 40km죠. 그 정도까지 가면 끝이 나요. 왜, 이제껏 왔는데 2.195km 못 갈 거 같아요? 아까워서라도 가요. 이렇게 42.195km를 위해 8번 버티면요, 8번의 성공을 얻어요. 그게 제가 여러분께 드리는 이야기죠.

여러분은 분명 자신에게 맞는 기준점을 아신다는 분도 있을 텐데 실제 모르시는 분이 더 많을 거예요. 지금은 천천히 자기를 돌아봤으면 좋겠어요. 과욕이 아니라 구체적인 욕심으로 시작하면 여러분이 절반의 기간 정도 왔을 때 "와! 내가 정말 많이 발전했구나! 내가 지금까지 잘 해왔네!"라며 스스로 지난 일에 대해서 칭찬할 수 있고 후회가 없을 거예요. 그러면 목표 기간까지 정말 자신 있게 자기 자신을 좋아하면서 끝까지 갈 수 있어요. 그것이 바로 욕심이란 마음에서 시작되는 것을 꼭 명심하셨으면 좋겠습니다. 우리는 절대 끈기가 없는 것이 아니라 과욕을 부려 잘되지 않았다는 것도요.

현재 상황을 보지 않고 1등급만 바라보고 가는 학생들은
'내 위치'를 모르고 과욕만 강한겁니다.
처음에 과욕이 아니라 욕심으로 시작하면 절반의 지점에서 "와! 내가 정말 많이 발전했구나!"라고 외칠 수 있습니다.

# 넷째 주
# 자신감을 주는 수업

## 나에게 맞는 동기를 선택한다

"어떤 친구는 동기부여도 잘해요. 다른 사람은 동기가 있는 것 같은데 저는 없어요."

"선생님 저는 동기부여는 되는데 실행이 잘 안 돼요."

잠깐! 동기부여란 무엇일까요? 동기부여가 없다면 없는 대로 지내면 되는데 우리는 무엇인가 문제가 있다고 생각하겠죠. 이것 자체가 스트레스죠? 반대로 동기부여는 있는데 실행을 잘못하면 자신의 인내력 아니면 끈기 혹은 실행력에 문제가 있다고 생각하면서 자존감 자체가 떨어지죠. 이렇게 되면 동기를 끌고 갈 만한 실행력이 더욱 떨어지고 맙니다.

## 내적 동기와 외적 동기가 결합한 내외적 동기가 만들어지면서

여러분은 자신에게 맞는 동기를 선택했으면 좋겠습니다. 하지만 분명히 이것만이 답은 아니라는 것을 꼭 명심하셨으면 좋겠습니다.

먼저, '동기부여는 되는데 실행이 안 됩니다'라고 이야기하는 학생들에게 말씀드립니다. 동기는 크게 내적 동기와 외적 동기로 나눕니다. 내적 동기는 어릴 때부터 만들어지는 특징이 많아요. 누구나 태어났을 때 자신만의 기질을 지니고 태어나잖아요. 이 기질 때문에 뭔가는 나하고 맞는다와 나하고 맞지 않는다에 대해 알 수 있는 것입니다.

인간관계도 마찬가지잖아요. '어떤 친구는 나하고 맞는데 어떤 친구는 나하고 맞지 않아'라는 말, 종종 하죠? 직업도 내 기질과 어느 순간 맞아떨어진다고 생각하는 순간 나도 모르게 그 직업을 가지기 위한 행동력이 나타나는 거죠.

어떤 친구가 외향적인 성격을 지니고 있다고 가정해 봐요. 대표적인 특징이 말하는 걸 참 좋아한다는 거예요. 외향적인 성격을 지닌 학생들이 누군가를 가르칠 때 이해도 잘되고 집중도 잘됩니다. 말하면서 공부를 한다는 것이 자신의 성향과 일치하는 것이지요.

말을 필수적으로 많이 하는 직업을 볼까요? 대표적인 게 여러분이 어려서부터 봤던 선생님이죠. 선생님이라는 직업이 나의 성향과 맞아떨어지기 때문에 그 직업을 꿈꾸는 경향이 많습니다. 또 다른 직업이 뭐가 있습니까? 변호사도 대표적인 말하는 직업이죠. 변호사가 되는 것을 희망하는 사람도 자신의 성향과 맞아 그 직업에 대해 꿈을 꿉니다. 이와 같이 '내가 이것을 해 보면 너무 좋을 것 같다' 그렇게 생각하면서 어릴 적부터 가지고 있던 성향과 자연스럽게 맺어진 그 동기가 바로 내적 동기입니다.

하지만 외적 동기는, 내가 가지고 있는 성향과 연결된다기보다는 남들이 좋다, 나쁘다 말하는 얘기에 따라 '나도 그것을 가지게 되면 좋을 것'이라는 착각으로 만들어지죠. 의사가 대표적이잖아요. 의사라는 직업을 가지면 남들이 얘기하는 게, 돈도 많이 벌고 경제적인 자유도 얻고 사람들한테 존경도 받고 등등… 그런 말들이 내 안에 쌓이다 보니 나도 모르게 의사가 되기를 원한다는 착각을 하게 됩니다. 그런데 여러분이 아시다시피 의사가 되기는 쉽지 않거든요.

여러분 롯데월드 가보셨잖아요. 롯데월드 내부에 있는 바이킹 바로 아래층에 보면 아동들이 타고 다닐 수 있는 놀이기구들이 많이 있습니다. 그곳에 풍선을 파는 분들이 많으세요. 저희 아이들은 롯데월드 아래층에만 가면 풍선을 사달라고 조릅니다. 처음에 와이프와 저는 "아니야, 안 돼!"라고 해도 아이들이 계속 떼를 쓰죠. 결국 포기할 수밖에 없어요. "그래 알았다. 이번 한 번만이야"라며 제가 풍선 가게에 갔어요. 놀랐습니다. 풍선 하나 가격이 1만 5천 원이래요. 대박이죠? 도대체 원가는 얼마일까? 이렇게 생각할 수밖에 없는데도 아이들의 초롱초롱한 눈빛을 봅니다. '나 저거 가지면 너무 행복할 것 같은데!'라며 저를 보는 그 눈빛 때문에 결국은 사줬습니다. 거금 4만 5천 원이에요.

아이들의 고사리손으로 풍선을 잡고 다니는데 안쓰럽더라고요. 풍선을 꼭 쥐어서 손에 땀이 많이 나고 팔도 엄청 아파 보여요. 그래서 "아빠가 풍선 잡아줄 테니까 나중에 달라고 하면 돼"라고 했는데도 아이들은 "안 돼! 안 돼! 내가 가지고 있을 거야!"라고 하면서 끝까지 풍선을 주지 않습니다. 계속 놀다가 답답해서 롯데월드 외부로 나갔어요. 신기하게도 그때부터 아이들이 점점 더 팔이 아프다고 하면서 "아빠 팔 아파! 팔 아파"라며 울상입니다. 제가 풍선을 달라고 하니 바로 줬어요. 집에 왔을 때, 아이들은 이미 풍선 세 개를 찾지 않았습니다.

그 이유는 뭘까요? 아이들의 착각 때문이에요. 다른 아이들이 풍선을 가지고 다니는데 행복해 보이잖아요. 우리 아이들은 그곳 아이들의 행복한 모습에 자기들도 풍선을 가지면 행복할 것 같다고 생각한 것이죠. 하지만 시야에서 풍선을 가진 친구들이 사라지니 자신에게 풍선은 더 이상 행복의 매개체가 아니죠.

풍선을 가지면 행복할 것이라는 착각, 그것이 외적 동기입니다. 외적 동기는 그 순간의 감정에 가까울 뿐 오래가지는 않습니다.

그렇다고 해서 외적 동기가 나쁘다는 건 아니에요.

외적 동기를 강하게 만들고 실행할 수 있는 능력을 키우는 방법은 적극적 동기를 사용하는 것입니다. 다음 방법을 적절히 사용하면 좋아요. 혹시 부모님 친구 중에 의사가 있거나 선생님이 있으면 그분과 만남을 주선해서 이야기하면서 그 직업의 장점과 단점을 들어보길 바랍니다. 이때 나의 마음에서 내적 동기와 외적 동기가 결합한 내외적 동기로 만들어지면서, 행동과 함께 끈기라는 것이 더해집니다.

## 적극적인 동기가 결합하지 않는다면

여러분이 가지고 있는 그 동기, 내가 하고 싶다고 했던 것은 어디에서 나오는 걸까요? 내적인가요? 아니면 외적인가요? 내적이면 그렇게 문제는 될 게 아니겠지만 외적이라고 하는 것은 적극적인 동기와 결합하지 않는다면 순간의 감정에 지나지 않아서 바로 없어질 가능성이 커요. 실행력이 강하지 않아요.

올해가 시작되고 누구나 처음에는 분명히 내가 할 일, 하고 싶은 일을 다 할 수 있을 거라고 마음은 먹습니다. 열심히 공부하는 건 중요하죠. 하지만 더 중요한 것은. 내가 이것을 왜 해야 하고, 이것을 했을 때 어떤 행복이 자신에게 주어질지 생각한다면, 적극적 동기가 실행을 무기로 삼아 실현되고 성공에 가까워진다는 것입니다! 이걸 꼭 명심하셨으면 좋겠습니다.

> 자신에게 맞는 동기를 선택했으면 좋겠습니다.
> 외적 동기는 적극적인 동기와 결합하지 않는다면 순간 감정에 지나지 않아서
> 바로 없어질 가능성이 커요.

## 이렇게 열심히 하니까, 내일은 더 멋진 모습이 된다

여러분, 이제 우리 시작되었잖아요. 하지만 잘 실행하지 않는 것이 있습니다. 그중 하나가 바로 긍정적인 마인드예요.

여러분은 공부생활을 시작하기 전에 분명 여러 사이트 등에서 공부생활에 성공한 선배들이 어떻게 성공했는지 이야기하는, 그 후기를 클릭하는 경우가 있을 겁니다. 국어는 이렇다, 수학은 이렇다, 영어는 이렇게 하라는 이야기를 참 많이 하지요. 많은 사람들이 각자 자신만의 방법을 가지고 있지만 그 가운데에서도 분명히 딱 하나 100% 공통적인 게 있습니다. 그게 뭐죠? 긍정적인 마인드! 멘탈 관리가 중요하다는 겁니다. 강의하면서 학기 초 학생들에게 물어봅니다. "너는 자신이 긍정적이라고 생각해? 부정적이라고 생각해?"라고 물어보면 "선생님. 저는 너무 긍정적입니다"라고 많은 학생들이 답합니다.

## 모든 긍정의 시작은 해석의 차이부터 하는 겁니다

그런 긍정적인 생각을 했던 친구들이 시간이 갈수록 왜 저에게 상담을 요청할까요? 그 이유는 긍정적인 것에 대한 잘못된 착각을 지니고 있기 때문입니다. 그것이 바로 낙천과 낙관에 대한 차이입니다.

심리학에서 낙천주의는 유전자 형태의 역량을 지니고 이야기합니다. 유전자는 처음부터 내가 물려받는 거잖아요. 물려받지 않는 경우는 부정적일 수밖에 없습니다. 낙천주의가 물려받는 것이라면 '긍정'이라는 것은 훈련받는 겁니다. 그리고 낙천은 실제 막연한 기대에서 시작하는 게 대부분입니다.

예를 들면 학생들이 이런 이야기를 합니다. "선생님, 저 시험 못 쳤어요. 그래도 괜찮습니다! 다음에 잘될 거예요"라고요. 근데 그걸 가지고 자기는 긍정적이라고 표현하는데, 아닙니다. 그것은 낙천이에요. 긍정은 상황을 바꾸려는 행동에서 나오는 겁니다. 그냥 그 상황에서 "다 잘될 거야"라고 말하는 게 아니라 그 상황에서 내가 적극적인 행동 방식을 통해서 그 상황을 바꿀 수 있게 노력하는 것! 이것이 긍정입니다.

부정을 보실래요? 환경 탓, 남 탓 이게 부정이라는 겁니다. 그래서 바뀌는 게 있습니까? 없어요. 나는 바뀌지 않으며 남에게만 바뀌길 원하는 것은, 결국 나는 바뀌지 않고 그대로 있겠다는 겁니다. 이게 바로 꼼수예요. 나에게 도움이 되는 해석을 할 수 있다는 것, 그것이 긍정의 시작이라는 겁니다. 모든 긍정의 시작은 해석의 차이부터 시작하는 겁니다.

어느 날, 한 왕이 꿈을 꾸었어요. 산이 무너집니다. 강물이 메마릅니다, 꽃들이 시들어 버립니다. 이 내용을 봤을 때 좋은 내용에 가깝습니까? 나쁜 내용에 가깝습니까? 대부분 나쁜 내용이라고 생각할 거예요. 여러분의 생각이 부정적인 인식을 통해서 해석으로 넘어온다는 걸 알 수 있는 겁니다.

그래서 그 왕이 이 꿈이 무슨 의미일까 굉장히 궁금한 거예요. 부정적인 건 꼭 알아야 하거든. 왕은 점쟁이를 불렀습니다.

"점쟁이여, 내 꿈에 대한 해석을 한번 해 보아라."

점쟁이가 왕의 꿈에 대한 내용을 듣자마자 왕에게 말합니다.

"해석을 하기 모호합니다. 안 하면 안 되겠습니까?"

"해라!"

"안 하겠습니다."

"죽을래?"

"하겠습니다."

점쟁이는 그렇게 해서 꿈에 대한 해석을 말합니다.

"그 내용이 큰일입니다. 꿈이 정말 범상치 않습니다. 산이 무너졌다는 것은 이제까지 왕이 한 모든 그 업적들이 무너지는 것을 뜻합니다. 강물의 물이 메말랐다는 것은 물이 백성이고 배가 왕이기에 배가 떠다닐 수 없음을 뜻하며 꽃들이 시들어 버렸기 때문에 이제 좋은 계절, 따뜻한 계절은 다 지나가 추운 계절이 온다는 것을 뜻합니다."

점쟁이의 말을 듣고 왕은 그 부정적인 해석에 골몰하게 됩니다. 왕은 계속 상황을 걱정하기 시작하죠. 내가 잘못되지 않을까? 왕은 불안한 생각에 앞으로 나아갈 행동을 하지 않고, 왕좌만 지키려는 심리에 푹 빠집니다. 국정 운영이 제대로 될 거 같아요? 안 됩니다. 나라 꼴이 엉망이 됩니다. 그러던 어느 날 긍정적인 점쟁이가 그 소식을 듣고 왕에게 찾아갔습니다.

"왕이시여! 제가 왕의 꿈에 대한 해석을 들었는데 다시 해석할 테니까 잘 들으십시오. 이전에 점쟁이가 했던 말은 새빨간 거짓말입니다. 산이 무너졌다는 것은 왕께서 해놓으신 모든 업적이 무너지는 것을 뜻하는 것이 아니라 왕께서 어떤 일을 하실 때마다 그에 맞서는 방해물들이 있었지만 그들이 와르르 무너지는 것을 뜻하며, 강물의 물이 메말랐다는 것은 옛날 옛적 강물 깊숙이에서 계속 기다리고 있던 이무기가 용으로 승천할 시기를 이야기하는 것이기에 용포를 입으신 왕께서 용이 되어 바로 승천하실 징조를 뜻합니다. 마지막으로는 꽃들이 시들어 버렸기 때문에 왕께서는 열매를 맺으실 시기라는 것을 이야기합니다."

만약 여러분이 이런 해석을 받는다면 어떻죠? 기분이 좋습니까? 이처럼 같은 이야기에도 해석은 달라집니다. 그 해석에 여러분의 행동과 감정도 달라지는 것입니다.

## 긍정적인 사고방식만이 여러분을 변화시킨다는 겁니다

긍정적인 생각은 나에게 놓인 환경을 긍정적인, 나에게 도움이 되는 해석을 하게 해 미래에 대해 좀 더 나아갈 긍정적 방법을 제시합니다. 긍정적으로 되어 가장 좋은 것은 적극적인 사고방식의 함양이에요. 수동적인 사고방식은 여러분을 변화시키지 않습니다. 똑같은 환경이라도 해석을 다르게 하셔야 합니다.

어느 날 한 재수생이 저한테 와서 이런 얘기를 합니다.

"선생님, 저는 재수를 합니다. 실패했거든요. 친구들은 다 대학 가고 소개팅도 하며 즐거운데, 전 왜 이렇죠?"라는 이야기를 해요. 모 기숙학원에서도 한 여학생이 휴가를 갔다가 복귀했습니다. 그런데 휴가에서 복귀하자마자 저와 상담하게 됩니다.

"선생님, 저는 왜 이렇게 못났나요? 복귀하기 전에 편의점에 가서 계산하려고 했거든요. 그런데 알바생이 계산은 하지 않고 계속 딴짓만 하며 집중을 안 하더라고요. 화를 냈어요. 알바생이 죄송하다고 하면서 계속 딴 데 봐요. 그래서 보니 저하고 똑같은 EBS 수능 특강을 보고 있었습니다."

똑같은 재수생이었던 거예요. 누구는 정말 편안한 기숙학원에서 공부하는 혜택을 받고 있고 어느 친구는 그렇게 하루 종일 서서 편의점에서 알바를 하면서 그렇게 공부하고 있었다는 것입니다.

"그런데 편의점 알바생의 표정을 보니 힘들어하는 모습보다는 행복하다는 모습이에요."

어떻습니까? 지금 나의 환경에 대해서 부정적으로 생각하지 않나요? 낙천적으로 '잘될 거야!'라고만 생각하지 않나요? 그게 아니라는 이야기를 강조하고 싶습니다.

이 친구가 저한테 왔을 때,

"선생님 저는 왜 이리 못났을까요? 편안하게 공부하고 풍요로운 혜택을 받으면서도 왜 나는 부정적일까요?"라고 말하는 정도에 머물렀다면 그 친구는 부정적인 해석을 통해 부정적으로 변하는 겁니다. 자신을 향한 자책, 비난, 질책…. 하지만 긍정적 해석을 해보며 자기가 얼마나 행복하고 엄마 아빠가 자기를 얼마나 아끼고 사랑하는지를 알고 실제로 달라집니다.

여러분은 지금까지 공부생활을 하면서 어떤 생각을 합니까? 시험에 실패했으면 제발 '다 잘될 거야!'가 아닌 진짜 긍정적인 사람이 되어 왜 시험에 실패했는지, 왜 실수했는지, 왜 틀렸는지를 보고 난 다음에 결과를 스스로 인정하라는 당부를 하고 싶습니다.

'그래, 내가 실수했다. 내가 아직은 모자라는구나! 아직 내가 배워야 할 게 많네, 더 조심하자!'

이런 생각을 하며 내가 틀렸던 문제를 다시 복습하고 다시 한번 반성하는 거예요.

다시 틀리지 않을 방법, 다시 실수하지 않은 방법을 여러분 스스로 찾아내어 개선해 나가야 합니다.

## 낙천주의는 회피 현상이지 여러분에게 절대 긍정이 아니라는 이야기입니다

낙천주의는 그냥 넘어가요. '다 잘될 거야' 이런 건 긍정이 아니란 이야기예요.

여러분 대부분이 심리 수업을 들어본 적이 거의 없을 겁니다.

어느 날, 어떤 학생이 제게 물었습니다.

"선생님, 심리 수업을 들으면 성적이 올라가요?"

저는 자신있게 대답해요.

하루하루 긍정적으로 바라볼 수 있게 하니 성적 상승 가능성이 높다고요.

심리 수업을 하면서 혜택을 가장 많이 본 사람은 솔직히 접니다. 저는 아직 부족한 사람입니다. 저 역시 아직도 많이 보고 들으려고 합니다. 차를 타잖아요. 저는 음악을 잘 안 듣고요, 강연을 듣습니다. '나는 부족하기 때문에 많이 들어야 한다, 많이 배워야 한다'는 생각으로 매일 하루에 두 개 이상 강연을 듣고 시간이 있을 때마다 책을 봅니다.

저는 책을 좋아하는 사람이 아닙니다. 그런데 왜 이렇게 열심히 책을 읽을까요? 부족하기 때문이죠. 심리 수업을 통해서 배운 것입니다. 부족함을 알고 상황에 대해 노력하는 중요성은 무지 크겠

## 부족함을 긍정으로

가난한 집안으로 태어났기에 어릴 적부러 갖가지 힘든 일을 하여
세상에서 필요로 하는 많은 경험을 하였고

어릴 적부러 약한 몸이었기에 일찍이 건강의 소중함을 알게 되어
90세인 지금도 냉수마찰과 운동을 하고

초등학교도 제대로 졸업하지 못해 나보다 못난 사람이 없어 모든
사람이 제게 선생이라 어느 누구에게도 묻고 배웠습니다.

_마쓰시타 고노스케(일본 파나소닉 창업자)

지요.

아버지는 보수적인 분이셨습니다. 웃는 것도 허락하지 않으신 분이셨어요. 살짝 웃으면 "남자가 어디서 이빨을 보이나?" 이렇게 역정 내실 정도였어요. 제가 춤을 추기 시작하면 "남자가 어디서!" 였어요.

그러다 군대를 갔습니다. 특수부대라는 특징상 한 번씩 무술 시범을 보일 때도 있습니다. 그때 저희는 웃을까요? 안 웃죠. 그렇기 때문에 인상을 씁니다. 저는 그게 진짜 긍정인 줄 알았거든요. 인상 쓰면 멋지게 보인다고 생각했죠. 그렇게 배워오다 보니까 문제가 생겼습니다.

차차 이야기할 수 있겠지만 저는 젊은 시절에 많은 실패를 겪었습니다. 회계사 시험도 준비하고 헬기 조종사도 준비해보고 등등. 그중 하나가 항공사에 승무원이 되는 것이었습니다. 사촌 누나의 추천으로 승무원 학원에 다녔는데, 가장 힘든 훈련이 웃는 표정을 짓는 훈련이었습니다. 얼굴에 쥐가 날 정도로 훈련했습니다. 40대 이후에는 자신의 얼굴에 책임을 지라는 말이 있습니다. 삶이 그대로 얼굴 표정에 녹아 있는 것을 이야기합니다. 항상 열심히 살자는 생각만을 지니고 있어서인지 모르겠지만 저의 인상은 타인이 보았을 때는 그리 좋아 보이지는 않았던 것 같습니다. 대인관계에서는 얼굴 표정으로 상대를 인식하는데, 웃는 얼굴이 그렇지 않은 얼굴보다 호감도를 높이게 됩니다.

연배가 높으신 분들과 만나면서 이야기를 하다 보면 재미있는 확률이 있습니다. 자신의 인생을 긍정적으로 행복하게 살아오셨던 분들은 인상이 참 좋다고 판단하고 그 반대의 경우도 있습니다. 그 판단이 대부분 높은 확률로 맞는다는 것입니다. 저 역시 승무원이 되기 위해 아침마다 웃으면서 "나는 행복하다, 나는 잘될거야"라는 말을 실천했는데 그 작은 실천 덕분인지 현재의 표정으로 '잘생겼다', '호감 가는 얼굴이다' 등 한 번도 들어보지 못한 평가도 받아보곤 합니다. 한 번의 긍정적 사고의 선택이 여러분의 세상을 바꾸기 시작합니다.

여러분, 긍정적인 사고방식은 적극적인 행동 방식, 다시 말해 나의 현재 실수를 스스로 인정할 수 있는 힘입니다. 내가 부족한 것을 인정하고, 내가 실수하고 실패했던 걸 인정하고 그다음에 이런 상황이 다시 왔을 때 두 번 다시는 하지 않도록 그것에 대해 고심하며 연구하는 거예요. 연구하지 않고 노력하지 않는 것, 그게 다 낙천주의입니다. 낙천주의는 회피 현상이지 절대 긍정이라고 말할 수 없다는 것입니다.

여러분은 어떠한 생각을 선택하시겠습니까? 내가 선택한 생각이 A로 갔으면 A, B로 갔으면 B, 여러분의 결정에 따라서 여러분의 미래의 결과도 달라집니다.

회피하는 건 절대 안 됩니다. 그게 나쁜 낙천주의입니다. 어떤 상황이 왔을 때 대처하지 못하고 매번 실패하는 그 경험을 계속 만난다면 아무리 낙천주의자라 할지라도 스스로 무기력감에 빠질 수밖에 없습니다. 한 번 실패했으면 생각하십시오. 다행이다. 본시험이 아니라서! 이해하셨습니까? 그리고 자신만의 긍정 훈련 프로그램을 만들어 놓으세요. 그리고 그를 통해서 긍정적인 부분을 단련하세요. 그 후 학습의 최대 효과를 가지고 마지막까지 한번 달려보기 바랍니다.

오늘에 대한 해석도 하십시오. 집에 돌아가시면 그냥 "힘들어 죽겠네!", 이렇게 하지 마시고요. 돌아가자마자 씻은 뒤 거울을 통해 자기를 바라보며 이렇게 얘기하십시오.

"하루 동안 고생 많았다. 네가 이렇게 열심히 하니까 내일은 더 멋진 모습이 될 거야. 아싸 !! 내일도 파이팅!"

쉬우시죠? 하지만 이런 단계를 실행한다면, 그 하나하나가 합쳐져서 여러분의 미래를 달라지게 한다는 거 꼭 명심하시기 바랍니다.

> **두줄요약**
>
> 긍정적인 생각은 모든 그 환경과 모든 해석을 나에게 초점을 맞춰, 미래에 대해 좀 더 나아갈 방법을 제시합니다.
> 긍정적인 사고방식은 적극적인 행동 방식, 다시 말해 나의 현재 실수를 스스로 인정하는 겁니다.

4월

# 지금, 나를 사랑하며

# 첫째 주
## 약간 느슨한 마음, 다지는 수업

## 자존감으로

여러분의 고민 해결 상담을 하다 보면 학생들이 많이 그리고 자주 느끼는 감정이 있습니다. 그것은 열등감입니다. 먼저 한 학생의 사연을 보여드리겠습니다.

"저에게는 같이 어울리는 친구 무리가 있습니다. 하지만 자꾸 친구들과 같이 있으면 제 모습이 작아지고 자존감과 자신감이 많이 떨어지면서 상처를 입습니다. A라는 친구는 축구, 달리기 등 모든 운동을 잘하는 만능 스포츠맨이고 B는 공부는 줄곧 정상권에다가 C는 게임도 잘하고 유머러스하며 잘생겼습니다. 저는 특출

나게 잘한다거나 적성을 보이는 분야가 없는 평범한 학생이라 자꾸만 친구들과 비교되는 현실이 저를 힘들게 합니다. 저도 당당히 어깨를 나란히 할 수 있는 인싸가 되고 싶은데 어떻게 하면 좋을까요?"

이런 질문을 의외로 많이 받습니다. 그래서 4월을 시작하며 이에 관해 이야기해 볼까 합니다.

## 자기 자신을 바꾸는 게 훨씬 더 쉬워요

참! 이에 대한 해법은 어려운 게 아닌데요. 사람은 보통 시각적인 정보를 통해서 뇌 인식을 하기 시작합니다. 이 시각적인 정보는 뇌의 프로세스를 통해서 부정적으로 혹은 긍정적으로 가느냐는 자신이 가진 마음에서부터 시작합니다.

그 마음속에 존재하는 감정 중 먼저, 자존심이라는 게 있고 자존감이라는 게 있습니다. 자존심은 타인으로부터 나를 방어하기 위한 보호 작용을 하는 감정이고 자존감은 나 스스로를 지키며 아끼고 사랑하는 감정이지요. 그런데 우리 친구가 지금 보이고 있는 것은 무슨 감정일까요? 타인과 비교하잖아요. 자존심이죠. 자존심이 타인과 비교해 부정적인 자존심으로 변하는 경우, 열등감이라는 마음을 생산해 내기 시작해요. 그래서 저는 자존심보다는 자존감이 중요하다고 이야기합니다.

자존감은 나 자신이 어떤 모습이라 할지라도 나 자신을 사랑하

는 형태인데, -제가 학생들한테 좀 세게 얘기할 때가 있습니다-
너희들은 타인에게서 사랑받고 싶고. 아낌을 받고 싶고, 항상 칭찬
받고 싶어 하는데 너 스스로는 칭찬하거나 사랑하냐고 물어보면
그런 건 안 한대요. 이거 잘못된 거 아닌가요?

　심리학 이야기를 잠시 해 보면 인간의 의식 상태에는 의식과 무
의식이 있어요. 의식의 형태는 이성적으로 내 생각을 얘기하는 것
이며, 무의식은 내 감정 상태를 얘기합니다. 의식은 여러분이 바
라보고 있는 '나의 모습'을 나타내지만, 무의식은 '내 안에 나'라는
것입니다.

　저는 학생들에게 무의식은 어린아이와 같다고 이야기합니다.
어린아이가 어떤 잘못을 했을 때 막 소리 지르면서 윽박질러야 합
니까? 아니면 잘못했을 때 "괜찮아, 괜찮아!"라고 이야기해야 합니
까? 정답은 아시죠? 만약 여러분이 부모님 일을 돕기 위해 설거지
를 하다가 그릇을 깼다면 "너, 괜찮니? 네가 안 다쳤으니 괜찮다"
라고 부모님이 이야기해 주시기를 바라지 않나요? 그런데 여러분
은 자신에 대해서 아끼고 사랑하는 마음은 없으면서 오로지 타인
에게서만 받으려고 해요. 나 자신을 바꾸는 것, 그것이 쉬울까요?
타인을 바꾸는 게 쉬울까요? 실제로 자기 자신을 바꾸는 게 훨씬
더 쉽습니다.

　여러분은 안 바뀌는 상대, 그것을 바꾸어 보려고 하기 때문
에 불안해해요. 그리고 상처받을까 움츠리고 있어요. 폐쇄적인 마음

이 들 수밖에 없다는 것이죠. 지금 상담한 친구도 비교를 하잖아요? 한국 사람들은 어떠한 상황, 어떠한 사람과 비교하는 일이 많아 보입니다. 학생들과 상담하다 보면 "저 여기 학원 2월에 왔는데 저랑 같이 2월에 들어온 친구는 지금 성적이 올랐는데 저는 성적이 올라가지 않아요"라고 비교하면서 스스로를 더 낮춥니다. 그러면 자존심이 아니라 자존감이 떨어질 수밖에 없죠. 자존감이 떨어지면요, 스스로 버틸 힘이 없어지죠.

왜냐하면 자신은 계속 실패만을 경험한다고 생각하기 때문입니다. '내가 무엇을 하더라도 나는 언제나 실패할 것'이라는 잘못된 생각을 하고 그러면 미래에 대한 인식이 부정적으로 기울 수밖에 없어요.

지능이란 것이 사람이 타고난 것도 분명히 있습니다. 하지만 대부분은 그렇지 않지요. 저는 재수학원 재수생에게도 심리 수업을 하는데, 그들에게는 2월에 왔는지 3월에 왔는지, 그게 중요한 게 아닙니다.

19년이라는 세월 동안 똑같은 환경도, 똑같은 지능도, 똑같은 육체적인 조건도 가지고 있지 않았으니까요! 우리가 그렇게 바라보는 것만으로도 스스로를 괴롭히는 방식이에요. 본인 스스로 괴롭힌다니까요. 내 옆의 어떤 애는 체육을 잘해요. 그런데 이 체육 잘하는 그 애를 공부 잘하는 어떤 애와 비교해 봅시다. 그런데 이 비교가 올바른 비교인가요?

잘 생각해 보세요. 비교는 타인과 하는 게 아니예요. 비교는 과거의 내 모습과 현재의 내 모습을 보는 겁니다. 어제보다 오늘, 여러분이 나아졌다면 진짜 좋아진 겁니다. 이게 비교예요. 저는 너무나도 행복한 사람이에요. 정말 행복합니다. 왜 행복한 줄 아세요? 딱 하나입니다.

저는 현실적으로, 돈이 많습니다. 직업도 좋습니다. 그래도 행복한 이유는 따로 있습니다. 그 이유는 제 주변의 다른 유명한 분들과 비교하지 않고 과거의 저와 비교하기 때문입니다. 그렇습니다, 저의 비교의 상대는 타인이 아니라 제 과거의 모습입니다. 과거의 저는 아무것도 없고 잘난 것도 없었습니다. 현재 저의 좋은 모습 보니까 너무 뿌듯합니다. 사랑하는 가족, 행복한 일상, 늘 공부하는 자신의 모습이 너무 좋은 거예요. 그때의 나하고 비교하니까! 이해하셨습니까? 이게 좋은 비교예요.

하지만, 우리는 금방 잊어버리고, 또 타인과 비교하죠. 제가 온라인 강의를 하다 보니까 온라인 강사분들 많이 알게 됩니다. 정말로 유명하고 좋은 분들이 많으세요. 그분들과 비교하면 내 모습이 초라하기 짝이 없어요. 그러나 저는 절대 굴하지 않아요. 왜? 저는 그 비교를 타인과 하는 게 아니라 저의 과거와 비교하기 때문이죠.

그래서 돈을 많이 버는 분들 만나도 열등감 안 느껴요. 너무 좋아요. 제가 맨날 얻어먹습니다. 하루는 아는 형님이 맛있는 회를 사준다고 하길래 갔어요. 그 형한테 맨날 얻어먹어요. 너무 미안해서 "형 이번에는 제가 사겠습니다" 하고 호기롭게 말하고 보니 무슨 횟값이 삼십 얼마가 나왔어요. 손을 덜덜 떨면서 제가 카드를 꺼내려고 하자마자 그 형이 저한테 말합니다.

"종환아, 네가 얼마 번다고 자식아~ 나보다 더 벌면 그때 사."

너무 좋았어요. 금전적으로 나보다 더 우세한 형들과 만나면 저는 지갑 열 일이 없습니다. 그 상황을 즐길 뿐이죠.

이 이야기 이해하셨죠? 예를 들어 축구를 잘하는 A라는 친구가 있습니다. 그 친구는 나보다 축구를 잘합니다. 그리고 이번에 내기 시합을 하게 되면 그 친구를 우리 팀으로 영입하려 합니다. 질투보다는 더 큰 것이 기다리고 있기 때문이죠.

그다음에 공부 잘하는 친구가 있습니다. 이 친구가 옆에 있으면 과외 선생님이 옆에 있다고 생각해 보세요. 내가 지금 공부를 하겠다는 마음을 가졌는데 내가 모르는 게 있다면 바로 알려주죠. 과외 해보세요. 얼마나 비싸요. 아마 나중에 커피나 한잔 사주면 되지 않을까요? 그전에 내 실력을 그 친구처럼 올리고 싶은 마음이 드는 것도 이익이죠.

그다음에 C는 게임도 잘하고 유머러스하면서 잘생겼습니다. 그 친구가 있기 때문에 어떤 모임에 가면 이 친구가 분위기를 다 주도해 주기 때문에 썰렁한 느낌을 만들지 않아요. 친구 관계가 좋을 수밖에 없죠. 본인 옆에 그 부족한 부분을 채워줄 수 있는 친구들이 있다는 것은 얼마나 감사한 일입니까?

## 어제의 나와 비교해서 오늘 내가 점점 더 나아졌다면

저는 삼국지에서 조조를 좋아합니다. 조조의 장점은 자신보다 더 유능한 사람들을 주요 보직에 앉히는 것이죠. 그게 진정한 리더예요. 내가 모든 분야를 잘할 수도 없습니다. 당연히 부족한 게 있잖아요. 그것을 채워줄 수 있는 사람이 주위에 포진해 있다면 성공의 가능성은 높아집니다. 그 성향을 우리는 '진정한 리더십'이라고 얘기합니다. 우리 학생에게는 '진정한 리더십'이 있어요. 평범한데 불구하고 곁에 만능 스포츠맨이 있으며 전교에서 알아주는 공부도 잘하는 친구도 있고 또 게임도 잘하고 유머 감각 풍부한 친구가 내 옆에 있다는 것이면 정말 많은 것을 얻지 않으셨습니까? 본인의 부족한 부분을 채워줄 수 있는 친구가 있다는 것은 정말로 감사해야 할 일이죠.

다시 한번 반복해서 말한다면 비교란 어제의 나와 비교해야죠. 오늘의 내가 점점 더 나아졌다면 어제보다, 과거보다 훨씬 더 나은 존재라는 것! 내일 더 나아지면 되고 그다음 날 더 나아지면 되고 … 긴 세월이 흘러 1년 전을 바라봤을 때 '그때는 내가 이랬었는데 정말 성장했구나'라고 느낄 수 있어야 좋은 비교를 하고 활용한 것입니다.

그 비교가 쌓이고 쌓여, 자존감이 향상되기 시작하고 성취감을 맛보기 시작하고 자신감이 올라가기 시작하면 여러분의 자존감이 늘어난다는 사실을 기억해야 합니다. 자존감이 높아지면 어떤 행동을 하더라도 결정 장애가 없어집니다. 그냥 쉽게 해요! 왜? 무엇을 하더라도 잘할 수 있어요. 실패하면 원인을 찾아 '다음에 실패 안 하면 돼지, 방법을 찾아보자'라는 생각으로 도전하면 된다고 생각하니까요.

열등감을 계속 가지고 있으면 '뭘 해도 안 돼!'라는 생각과 안 되는 나의 미래만 생각하다 보니 결국 불안한 상태가 되죠. 그러면 정체된 삶을 살기 시작합니다. 그리고 1년이 지나고 2년이 지나도 변화되지 않는 내 모습을 보고 "나는 왜 이렇지?"라며 나락으로 떨어질 수밖에 없습니다. 그렇기에 이 글을 보시는 여러분은 자신의 장점을 찾아보기 바랍니다. 자신의 장점을 아는 사람 많이 없습니다. 그 장점을 찾으면 아마 좋은 친구 A, B, C 그다음 D는 자신이 되며, 진정한 친구가 된다는 점을 꼭 명심하셨으면 좋겠습니다.

**두줄 요약**

비교는 과거의 내 모습과 현재의 내 모습을 비교해 보는 겁니다.

어제의 나와 비교해, 오늘 내가 점점 더 나아졌다면 훨씬 더 나은 존재가 되는 것임을 기억해야!

# 구체적 동기로

무조건 좋다는 것도 눈에 보이지 않으면 얼마나 좋은지 잘 모르거든요. 행동은 쉽게 나오지 않아요.

경제적 관점으로 학원을 예를 들어 볼게요. 여러분이 학원비를 100만 원을 냈잖아요. 적어도 얼마 치 이익을 가지고 가야 합니까? 100만 원이요? 100만 원을 내고 100만 원을 가져간다면 완벽한 손해입니다. 이유는 뭐죠? 돈은 기본적으로 생명이 있다고 그래요. 돈은 계속 움직이죠. 고정적이지 않아요. 은행에 돈을 넣으면 이자가 조금씩 붙잖아요. 그래서 100만 원을 내고 한 달이라는 기간에 100만 원만 받는다면 손해라고 이야기합니다.

그러면 200만 원일까요? 200만 원은 본전이에요. 적어도 얼마? 300만 원어치는 가져가야만 합니다. 우리 부모님이 그 돈을 벌기 위해서 얼마나 많이 노력하셨습니까? 여러분이 부모님의 노고가 담긴 그 돈을 정말 알맞게 잘 쓰셔야 합니다. 이제 공부하며 이 300만 원의 가치를 벌 수 있는 방법을 얘기하겠습니다.

여기에서는 동기를 **구체적 동기**와 **추상적 동기**로 나눌 거거든요. 구체적 동기는 동기를 완벽하게 알고 있으면 행동이 같이 유발되는데, 추상적인 동기는 잘 모르는 상태라 행동이 쉽게 나타나지 않습니다.

여러분이 서울에 산다고 치겠습니다. "부산이 좋다던데 바다도 있고?" 막연히 좋다는 기분이 있습니다. 이렇게 추상적으로만 알고 있는 경우 부산에 실제로 갈 확률은 낮아집니다.

하지만 "부산 해운대 바닷가, 광안리, 자갈치 시장 그리고 ○○ 집 되게 맛있다고 소문이 나 있어" 이런 구체적 정보를 알죠? 그러면 부산에 갈 확률이 점점 더 높아진다는 이야기도 되지요.

돈을 많이 벌면 좋습니다. 여기까지가 추상적으로 돈을 버는 방법을 아는 것이죠. 그런데 돈 버는 기술을 아는 것은 구체적으로 아는 것이라 더 많은 돈을 벌 수 있습니다. 마찬가지로 수업에 집중하면 좋습니다. 우리가 집중하기 싫어서 안 하는 것은 아니죠. 수업을 잘 듣는 방법을 구체적으로 안다면 수업에 더 집중하기 쉽다는 것입니다. 그리고 수업에 집중하지 않는다면 부모님의 노고를 스스로 무시하는 것과 같습니다. 부모님의 노력과 희생으로 번 돈을 여러분께 투자하는 것이잖아요.

## 거짓말을 하시면 좋을 것 같아요

수업에 집중하고 싶은데 집중이 잘 안 되죠? 좀 더 쉽게 접근하는 방식을 알려드릴게요. 첫 번째, 수업을 해주시는 분들은 대부분 선생님이죠. 선생님에게 어떠한 감정이 드느냐에 따라서 집중이 결정되는 경우, 굉장히 많습니다. 특히 학교에서 자주 일어나는 현상인데요. 하나는 외모가 훌륭하신 선생님이 오면 벌써부터 자신도 모르게 수업에 집중합니다.

두 번째는 선생님을 좋아하는 감정이 생기면 집중력이 더 높아지기 때문인지 그 과목만큼은 평균치가 올라갈 때가 많아요. 좋아하는 사람이 저한테 무슨 얘기를 하죠? 좋은 이야기입니다. 전부 다 들려요. 오래 기억이 남고 '그래, 내가 해봐야겠다!'란 결심이 생기죠.

내가 싫어하는 사람이 말하면 아무리 좋은 이야기를 하더라도 우리는 저항하는 게 일반적입니다. 그래서 저는 여러분이 수업 듣는 선생님을 사랑하면 좋겠어요. 그런데 선생님을 아무나 사랑할 수 없잖아요? 사랑하도록 노력하는 거죠.

그 방법으로는, 거짓말을 하면 좋을 것 같아요. 어느 대학교 심리학 교수가 인간은 하루에 거짓말을 평균적으로 몇 번 하는지 조사해 봤는데, 평균 200번 이상 한대요. "너무 맛있어, 이거 맛있어요!" 거짓말이거든요. 상대방을 위해서 현재 어떤 일을 좋다고 얘기하는 거, 이 거짓말을 나를 위해 선생님에게 하는 겁니다.

보통 학원, 학교에서는 여러분의 머릿수가 많아요? 선생님의 머릿수가 많아요? 여러분의 머릿수가 압도적이죠. 여러분이 다수입니다. 그 얘기는 상대적으로 다수가 소수의 감정을 어느 정도 결정한다는 이야기입니다. 이게 집단심리죠. 수업 분명히 힘들죠? 선생님이 수업하러 들어오셨을 때 다 하나같이 표정이 '아이, 나 못 하겠다'는 표정을 지으면 선생님도 여러분의 표정을 보고 '아.

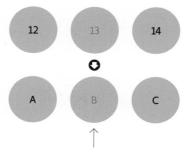

같은 모습이나 집단을 통해 다르게 해석

〈집단심리〉

나도 못 하겠다'라고 느끼겠죠? 그 상태로 수업을 지속하면 질 좋은 수업이 맞을까요? 아니에요. 그래서 여러분이 적어도 처음 5초간은 이렇게 거짓말을 했으면 좋겠어요.

'당신을 기다렸습니다. 나의 구세주여!'

여러분이 이렇게 표정을 짓고 눈을 초롱초롱 빛낼 때, 선생님도 역시 여러분의 좋은 감정에 동화되기 시작하는 거죠.

좀 냉소적인 학생들은 "제가 수강료도 냈는데 선생님들 기분까지 맞춰야 합니까?"라고 이야기하는데 그러면 저는 좀 냉정하게 말합니다.

"선생님의 수업을 네가 산 건 맞겠지만 그분의 기분까지 산 건 아니잖아"라고요.

여러분이 어떤 이익을 추구하기 위해서는 상대방을 어느 정도 내가 원하는 방향으로 이끌어야 하는 게 설득의 과정이죠. 상대방을 설득해야 해요. 내가 표정을 좋게 하는 것은 선생님을 위한 것이 아니라 고품질의 수업을 듣기 위해서예요. 여러분 자신을 위한 것입니다.

"오늘따라 선생님 얼굴이 되게 빛나세요." "너무 잘생겼어요"

이렇게 이야기하면 대부분 거짓말이죠. 그래도 선생님은 좋아할까요? 싫어할까요? 정말 좋아합니다. 거짓말을 잘하라고 말씀드리는~ 이것이 좋은 트라우마입니다.

## 질문이라고 하는 것은 여러분의 재산이거든요

아침이면 아내가 저를 깨워요. 얼굴 가까이 와서 깨웁니다. "그만 일어나." 눈 뜨잖아요? 그런데 아내도 일어난 지 얼마 안 된 상태며 가까이 있어서 입냄새가 날 수 있습니다. 그럴 때 솔직하게 "당신, 입냄새 장난 아니야"라고 하면 전 집에서 쫓겨납니다. 항상 긴장하죠. 심호흡 한 번 한 상태에서 "이 아름다운 여성이 내 아내라니 너무 행복해요"라고 하면 아내는 거짓말인 거 모를까요? 아침을 평온하게 시작할 수 있어요.

선생님들도 마찬가지입니다. 여러분이 좋은 수업을 받기 위해서는 선생님들의 감정을 북돋아 줬을 때 더 큰 이익을 받는다는 점을 꼭 명심하시길 바라고 있어요.

다음은 **질문**을 잘했으면 좋겠어요. 질문은 바로 돈이거든요. 아마 과외를 해보면 알겠지만 과외는 단독으로 질문하고 답변받는 과정이라 저렴하지 않게 느껴지죠. 특히 여러분을 가르치는 선생님들의 개인 과외비는 훨씬 더 비싼 것이 현실이죠. 그래서 그분들을 가만히 놔두면 안 됩니다. 그 선생님이 허락하신 시간 내에 계속 끊임없이 질문하는 거죠.

한 번씩 질문할 수 있는 시간에 "지금 질문 시간이 끝났으니까 다음에 와"라는 말을 들었을 때는 수긍하지 말고 때로는 적극적 동기를 써서 "선생님이 꼭 필요합니다"라든지 아니면 "선생님하고 상담했을 때가 가장 행복하고요, 선생님이 최고의 답변을 해주시기 때문에요. 선생님께서 이 과목에서 최고시잖아요." 등의 칭찬을 멋지게 해보세요. 이처럼 적극적인 동기를 통해서 선생님이 여러분의 답변을 해결해 줄 방법이 훨씬 더 많아지게 하세요.


세 번째는 습관이에요. 기숙학원의 윈터스쿨에 가면 한 달 동안 엄청난 돈을 내고 먹고 자고 공부하면서 지내잖아요. 대부분 여기서 공부 습관이 만들어지는데 이 비용은 결코 적지 않습니다. 이 비용을 유지하는 방법이 언제 나타나냐면 여러분이 윈터스쿨 한 달 동안 열심히 하고 집에 돌아왔을 때입니다.

부모님들이 여러분을 기숙학원 보낼 때 한 달 동안 내가 엄청난 비용을 냈으니 "성적 많이 올리고 와라"는 목적성보다는 "가서 공부 습관이라도 좀 잡고 와"라는 이야기를 한 분들이 많습니다. 그래서 부모님이 '아! 내가 정말 투자 잘했구나!'라는 생각을 할 수 있는지는 여러분이 윈터스쿨이 끝나고 집에 다시 돌아온 다음 날 아침에 결정됩니다. 기숙학원은 6시 아니면 6시 반에 기상을 하거든요. 여러분이 6시에 일어나는 습관을 만들다 보니까 6시에 눈 뜰 거예요. 눈 떴을 때 바로 의자에 앉아서 책을 펼치고 공부하는 모습을 보여야 합니다.

아침에 부모님이 여러분의 방문을 살짝 열어볼 겁니다. 여러분이 공부하고 있다면 부모님께서는 아침부터 기적을 보는 것처럼 느낄 것이에요. 그죠? 그런데 돈 날리는 경우가 뭔지 아세요? 눈 뜨자마자 "아 눈 떴다. 짜증 나, 자야 하는데, 아! 씨! 왜 눈은 떠가지고…" 해버린다면 여러분의 비용은 날아가는 것이죠.

여기까지 학원에서 절대적으로 호구가 되지 않고 투자 대비 고수익을 얻는 방법을 구체적으로 설명을 했죠? 이제 보이나요? 이게 바로 구체적 동기와 추상적 동기라는 것입니다.

어느 대학에 가고 싶으세요? 먼저 그 대학교에 가서 한번 놀아보세요. 예를 들어서 서울대든 연세대든 고려대를 희망하는데 그 학교에 가본 적이 없는 학생들이 많아요. 이게 추상적 동기죠. 오래 가지 못한다는 사실을 이야기하는 거예요.

구체적인 동기는 적극적인 동기와 함께 결합해서 서울대학교에서 가보는 겁니다. 실제로 가서 보면 서울대학교 학생들이 보일 테고 서울대생들의 표정이나 자부심, 자신감 등을 체득하여 왜 서울대가 최고의 학교인지 알게 되고 구체적인 동기가 생기면서 그것을 계속 적극적으로 유지해 더 오래 명확하고 끈질기게 끝까지 인내심을 가지고 갈 수 있습니다. 이것이 구체적 동기라고 설명합니다.

추상적인 동기는 오래가지 못합니다. "너는 왜 내가 좋아?"라고 그녀가 물으면 구체적으로 설명해야 상대가 내 고백을 받아줄 확률이 높아요. 추상적으로 "그냥 좋아"라 말하면 상대방의 마음을 흔들지 못한다는 거죠. 어떤 선택을 해야 할까요?

추상적 동기는 오래가지 못합니다.
구체적 동기는 적극적인 동기와 함께 결합해 좋은 효과를 내므로 서울대 가고 싶으면 서울대 가서 한번 놀아보는 겁니다.

# 둘째 주
# 새롭게 다시, 적응 수업

## 나를 사랑하는 방법 찾는 것부터

공부생활 잘하고 계신가요? 여러분, 솔직히 많이 힘들죠?. 지금 하려는 이야기는 '괜찮아! 괜찮아'입니다. 재미있는 이야기가 될 것이니 잘 보시기 바랍니다.

한국인들은 성격이 급하다고 합니다. 이 성격이 어떠한 형태로 나타나느냐면 대표적인 것이 휴대폰이나 노트북을 살 때죠. 그때 사용 설명서를 보고 사용하기 시작하나요? 아니면 그냥 무작정 사용하기 시작하나요? 보통 그냥 사용하죠? 우리가 사용 설명서를 보면서 "이런 기능이 있구나"라고 인식하는 것보다는 먼저 켜서 활용하는 경우가 많을 거예요. 그다음에 이리저리 만져보고 난 후, 우리는 기능을 습득하기 시작합니다. 사용 설명서를 보지 않는다는 것에 대해서 우리는 큰 문제점을 느끼지 못합니다.

하지만 사용 설명서를 보지 않기 때문에 나타나는 재미있는 특징은 창의력이 아주 뛰어나다는 점입니다. 휴대폰 기능을 그 기능만큼만 사용하는 것이 아니라 그 이상을 하기 시작하는데, 여러 영상을 통해 많이 볼 수 있어요.

유튜브에 올라와 있는 어느 한 교수님의 강의에서 본 이야기입니다. 휴대폰에 플래시 기능이 있는 거 아시죠? 길을 걸을 때나 무엇을 찾을 때 주위를 밝혀주는 기능이죠? 한국인들은 창의력이 아주 뛰어나다 보니까 어떻게 활용합니까? 플래시를 켜놓고 난 다음에 휴대폰을 뒤집어 소주잔 위에 올려요. 뭐가 됩니까? 야광주입니다. 창의력을 통해서 만들어 낸 거죠. 자신이 원하는 대로 기능을 바꾸는 거예요.

마찬가지로 여러분 아버님들이 차를 구매하실 때 사용 설명서를 보통 읽으시던가요? 아니죠. 일단 차를 받으면 먼저 앉아요. "어좋네"하고 시동 켜고 운전을 먼저 하시죠. 운전하다가 조작 버튼을 누르다가 갑자기 사이드미러 접히고 나면 "뭐지?" "이거 아니구나!"라며 원상태로 복귀시킵니다. 그리고 잘 다니다 차가 고장이 나면 대부분 아버님들의 특징이 보이죠. 일단 보닛을 열어요. 그리고 전화를 걸죠. "여보세요? 차가 고장 났네요." 이때 보닛을 열어도 원인을 알까요? 모를까요? 아버님들은 거의 모른다고 합니다.

## 셀프텔러라고 하는 기능이 있습니다

사용 설명서를 읽지 않는 사람의 특징은 내가 그것을 알고 있다고 착각하는 경우가 많습니다. 저 역시 마찬가지였죠. 제 온라인 과목에서 '감정사용 설명서'라고 이름을 붙인 이유가 그거예요. 우리는 태어날 때부터 어떤 감정과 함께 살아왔기에 스스로 감정을 잘 조절할 수 있다고 생각합니다. '내 아이라서 내가 제일 잘 알아' 라고 하는 부모님과 같지요.

감정은 어떻게 만들어질까요? 우리는 어릴 때부터 감정을 사용하는데, 감정이 발전되는 여러 방식 중 하나는 부모님의 양육에서 시작됩니다. 부모님께서 좋은 말을 많이 하셨더라면 우리의 시각과 청각을 통해서 우리의 감정이 좋은 방향으로 성장하기 시작해요.

저는 '우리 엄마와 아버지가 서양 엄마, 아빠처럼 해줬더라면 참 감사했을 텐데'라는 생각을 가끔 했어요. 미국 드라마를 보면 아이가 어떤 실수를 하잖아요? 항상 첫 번째 물어보는 게 "괜찮니? 네가 다치지 않았으면 다행이다. 난 너를 사랑한단다"라는 것이죠. 아이는 실수한 상황에 대해 "실수해서 어떻게 하지?" 하며 겁먹고 안절부절못하는 게 아니라 상황 대처에 어떤 안정감이 보입니다.

하지만 제 어머니는 그렇지 않으셨어요. 한번은 어머니를 도우려고 접시를 닦고 있었어요. 실수로 접시를 놓쳤죠. "쨍그랑!"하고 깨졌을 때, 어머니가 "아, 다 때리 뿌사라! 맞네! 다 때리 뿌사지 왜 저것도 뿌사지! 왜 안 뿌사노?" 이렇게 말씀하세요. 참 슬프죠?

'셀프텔러self teller'라는 기능이 있습니다. 내 안에 있는 '또 다른 나'라고 생각하면 됩니다. 앞에서 언급했다시피 인간의 의식 형태는 의식과 무의식으로 나뉩니다. 여러분이 한 번씩 하는 실수는 의식 상태에서 하는 것이 아니라 무의식 상태에서 하는 습관적인 행동이죠.

이때 불현듯 튀어나오는 무의식에 '내'가 있습니다. 이것을 '셀프텔러'라고 합니다. 저는 '셀프텔러'란 '내가 평생토록 책임지고 보살펴야 할 어린아이'라고 말합니다. 어린아이가 실수했을 때 비판하거나 질책해야 합니까? 아니면 더 감싸안아 줘야 합니까? 감싸줘야 하잖아요! 그러면 이 아이가 정서적으로 안정된 상태로 더 성장할 거예요. 실수할 때마다, 안 좋은 일이 있을 때마다 계속 압박하고, 계속 질책한다면 아이는 무의식적으로 불안을 느낄 수밖에 없을 거예요.

모의고사 점수를 체크하고 있는데 실수했습니다. 실수했을 때 나도 모르게 튀어나오는 말 있죠? "아, 짜증 나! 진짜, 나 바보 같아! 맨날 왜 이래? 아, 진짜 미치겠네"라는 셀프텔러가 있다면 어떤 감정을 느꼈습니까? 나에 대해서 질책하고 비난만 계속하다 보니, 자존감은 점점 더 낮아지게 되고 그다음 모의고사 시험에서 실수를 다시 할까 두려워하게 됩니다.

그럴수록 어떻게 해야 하죠? "괜찮다! 다행이다, 실수할 수도 있어, 다행이야"라고 생각해야 합니다. 여러분에게 안정적인 셀프 텔러가 작동한다면 다음 모의고사 때 개선하는 방법을 먼저 찾기 시작해요. 여러분이 성장하는 비결로서 셀프텔러가 가장 중요합니다.

## 내가 나를 얼마나 사랑할지 그 방법을 찾으십시오

아는 형이 있습니다. 친한 형이고 다른 사이트에서 온라인 강의를 하시는 강사입니다. 인기 강사이고 유명한 사람이 저한테 잘해 줄 필요가 없는데 너무 잘해주세요. 제가 메가스터디 온라인으로 들어왔을 때 가장 먼저 축하해 주셨어요.

온라인 촬영을 하고 영상을 형들에게 보내며 "저 온라인 촬영했습니다"라고 하면 "그래, 축하한다!" 한마디입니다. 보통 남자들의 대화법이죠. 그런데 그 형은 항상 제가 온라인 촬영했으면 그 강의를 빠짐없이 다 보셨어요. 그리고 저한테 전화해서 "종환아, 이런 부분에서 좀 더 수정하면 좋을 것 같아"라고 해요. 아무래도 전문가니까 하나하나 짚어가며 피드백까지 해줬고요. 게다가 코디 방식을 코치하시며 "종환아, 내가 봤을 때 네 외모에는 옷 스타일도 이런 색깔과 이런 형태로 입으면 되게 좋을 것 같아!"라고 하세요. 그리고 이틀 뒤에 택배가 와요. 그 형이 옷을 주문해서 선물로 보내기까지 했네요. 고마웠죠. 저 같은 사람에게 그리하는 형이 너무 고마워서, 문자를 보냈어요.

"형, 진짜 감사합니다. 저 진짜 멋지게 정말 열심히 해 유명해져서 형한테 도움이 되는 좋은 동생이 되겠습니다."

그 형이 답장이 뭐라고 보냈냐면 "종환아, 이래도 내 동생이고 저래도 내 동생이란다. 네가 잘나간다고 내 동생이고 잘 못 나간다고 내 동생이 아니라면 그건 아닌 것 같다"라고 했어요. 진짜 눈물이 났어요. 진정한 격려를 받았죠.

시험에 망쳤다고 가정을 했을 때 정말 힘들잖아요? 어머니로부터 "너는 그것밖에 못 하니? 맨날 싸돌아다니고 집중도 안 하고!" 이런 얘기를 듣고 싶으세요? 아니면 "괜찮아. 괜찮아! 건강하면 돼! 네가 원하는 거, 엄마 아빠가 언제든지 뒤에서 힘 써줄 테니까 마음 상처 받지 말고 너 하는 일을 더 열심히 하면 좋을 것 같아!" 라고 하신다면. 전자가 좋으세요? 후자가 좋으세요? 당연히 후자겠죠.

여러분은 자신에게 어떤 말을 합니까? 실수했다고 자신에게 짜증 섞인 말로 비난하고 질책하지 않나요? 왜 남한테는 좋은 말 듣길 원하면서 자신에게는 좋은 말 하지 않고 나쁜 말만 합니까? 자신에게 격려를 보내주세요.

인간관계는 누구와의 관계로 시작하는 줄 아세요? 타인이 아닌

자기 자신이에요. 모든 관계에서의 시작은 나 자신하고의 관계입니다. 내 안의 무의식! 내가 앞으로 평생 책임져야 할 그 어린아이를 돌봐야 하는데 왜 그 아이한테 계속 압박하고 계속 질책하고 계속 절망을 주면서 불안감을 주기만 하죠? 그런 걸 계속한다면 '내 안의 어린아이'는 점점 위축되고 점점 무엇인가 도전할 수 없으며 점점 어떤 일에 대해서 불안을 느껴, 결국 나 자신은 점점 모든 상황에 도망가게 된다는 사실을 알았으면 좋겠습니다. 내가 나를 얼마나, 어떻게 사랑할지 생각하고 그 방법을 찾으십시오!

나 자신을 사랑하고 스스로 바뀌면 상황이 바뀝니다. 내가 바뀌지 않으면 상황은 쉽게 바뀌지 않는다는 거 기억하십시오. 남 탓 상황 탓 언제까지 하실 겁니까? 이제 당장 내가 나를 얼마나 사랑할지 어떻게 살아가야 할지 그 방법을 꼭 고민해 보기 바랍니다.

다시 한번 더! 어떤 상황이 왔을 때 자신을 안아주십시오. '괜찮아, 괜찮아'라는 생각으로 자기를 안아준다면 아마 이 기나긴 여정을 무리 없이 잘 헤쳐 나갈 것이라고 저는 명확하게 약속할 수 있습니다. 당신은 당신 자신에게서 가장 힘을 얻고 싶을 테니까요.

> **두줄요약**
>
> 내가 나를 얼마나, 어떻게 사랑할지 생각하고 그 방법을 찾으십시오!
> 여러분이 성장하는 비결로서 셀프텔러가 가장 중요합니다.

"괜찮다! 다행이다. 실수할 수도 있어, 다행이야."

# 긍정적 상상부터

어른들이 젊은이들에게 조언을 많이 해주려 합니다. 그런데 긍정적인 삶을 사셨던 분이라면 밝은 내용의 조언을 하고, 부정적인 삶을 사셨던 분이라면 어두운 면에 대한 조언을 주죠. 그 밝고 어두움의 차이는 보통 성공의 경험이 많은 분이라면 밝게, 실패 경험이 많은 분이라면 어둡게 합니다. 성공 경험이 많을수록 경험이 습관이 되어 실패에 대해 둔감해지고, 실패 경험이 많을수록 도전에 대해 불안이라는 감정을 느끼는 것도 사실이죠.

지금 우리에겐 작은 성공을 계획해 하나하나 단계를 밟아 성공하는 것이 중요합니다. 그러면 그것이 '성공의 어머니'가 되어 성취감이 형성돼 자신감, 자존감이 올라간다는 점도 꼭 명심하셨으면 좋겠습니다.

다이어트에서 성공할 수 있는 최고의 비법이 바로 '나 자신을 미워하지 말 것!'이라는 걸 앞에서 말씀드렸습니다. 다이어트를 하다가 실패하면 '왜 나는 끈기가 없을까? 인내심이 없을까? 나는 무엇인가 목표를 하면 왜 안 될까?'라고 생각하면서 자신을 싫어하기 시작한답니다. 그렇죠! 저도 많이 경험했습니다. 성공하려면 자신에게서 미움을 없애 주세요. 만약 새벽 1시에 야식을 먹는다면 다이어트가 실패했다고 생각하기보다는 '오늘은 아침을 일찍 먹었다'고 생각해주세요. 공부하는 것도 마찬가지겠죠? 자신을 절대 싫어하지 마십시오. 남들에게 사랑받으려고만 하지 마시고 나를 사랑하는 것을 잊지 마세요. 우리가 자신을 괴롭히지 못하게 하는 게 중요하다는 것도 꼭 명심하시고요.

## 바로 상상이라는 놈 때문에 우리가 못 했다는 사실을 알게 되었습니다

어느 학생의 고민 이야기입니다. 제일 친한 친구랑 얼마 전에 싸웠대요. 아직도 연락하지 못하고 있는데 먼저 연락을 하고 싶어하고요. 어떻게 해야 하는지 모르겠다고 했어요.

먼저 고백이라는 것에 대해 이야기해 보죠. 친구 사이에서도 고백하는 게 있죠? 화해하거나 오해와 갈등을 풀어내는 게 보통이죠. 친구하고 싸웠으면 오해하고 갈등이 되게 심해요. 저도 아내하고 연애하고 결혼한 지, 벌써 14년째입니다. 그동안 오해와 갈등은 있었겠죠. 그런데 먼저 선뜻 나서기가 참 쉽지 않습니다. 그래도 웬만해서는 제가 먼저 아내에게 가서 사과합니다. 제가 고백을 잘하거나 사교성이 좋은 건 아니고요. 다만, 심리를 좀 알기 때문에 쉬운 방법을 선택하는 거죠.

쉬운 방법이 뭘까요? 우리에게는 용기가 있습니다. 고백하려면 용기가 있어야죠. 사랑 고백을 하려면 더욱더 용기는 필수입니다. 죄에 대해서 밝히려 해도 용기가 있어야 하고요. 하지만 이제까지 살면서 용기가 갑자기 생긴 적은 없었습니다.

항상 '용기가 없어서 무엇을 못 했고 용기가 없어서 내가 하지 못했다'고 말하는 것은 나의 합리화밖에 되지 않더라고요. 답은 결국 용기가 없어서 고백하지 못했던 것이 아니라, 바로 상상이라는 놈 때문에 우리가 고백하지 못했다는 사실입니다.

누군가에게 고백한다고 해봐요. 사랑 고백을 하고 싶은데 내가 쉽게 고백하지 못하는 이유가 뭔지 아십니까? 바로 상상이에요. 고백했을 때 혹시 사이가 껄끄러워지지 않을까? 고백했을 때 거절당하지 않을까? 그 생각 때문에 쉽게 고백하지 못했던 거예요.

이해하셨죠? 어떻게 바꾸면 됩니까? 긍정적인 상상으로 대체하면 됩니다. 올림픽 메달리스트나 프로 선수들 보면 항상 경기에 나가기 전에 한다는 게 뭐죠? 이미지 트레이닝이라는 겁니다. 큰 무대에서 얼마나 압박받겠습니까? 예를 들어 양궁이라면 화살 하나로 인생이 결정되는데 어떻겠습니까?

부정적인 상상을 하는 것이 인간의 흔한 특징입니다, 그래서 이미지 트레이닝을 합니다. 내가 쏜 화살이 과녁의 정중앙에 꽂힌다는 생각을 계속하다 보면 자신감이 생기면서 된다는 생각을 실행할 수 있습니다.

고민 상담한 친구가 어떻게 하냐면, 친구의 모습을 먼저 그려요. 화해 신청을 했을 때 갑자기 웃으면서 "내가 먼저 화해를 신청했어야 하는데 네가 먼저 했구나! 너무 고맙다" 그렇지 않으면 "정말 미안해! 내가 정말 미안해!"서로 울면서 미안해하는 상황을 그립니다. 좋지 않아요? 그렇죠? 그런 상상을 하다 보면 얼른 빨리

화해 신청을 하고 싶은 겁니다.

상담한 친구가 먼저 연락을 하고 싶다고 했어요. 저는 고백하려고 할 때 절대 하지 말라는 것 중 하나가 SNS 문자 메시지예요. 왜냐하면 문자를 보는 그 순간 내가 가지고 있는 기분 상태에 따라서 해석을 다르게 할 수 있기 때문입니다. 전화도 하지 말고요. 전화를 못 받을 수도 있는데, 그걸 가지고 다시 "그래, 아닌가 봐!"하고 오해하며 완전히 서로 끝날 수도 있거든요. 직접 만나십시오. 만나서 먼저 사과하세요! 따지지 말고요. 그다음에 서로 이성적인 생각을 할 때쯤 자연스럽게 만나 "그때 내가 사실 이랬어"라고 이야기한다면 다시 원래대로 친한 사이가 되지 않을까요. 방법을 아시겠죠?

거절당하는 상상을 더 좋은 상상으로 바꾸면, 아마 그것이 최선의 답인 거죠. 여기서 하나 플러스합니다. 시험 불안이 심한 친구들도 시험을 잘 친다는 긍정적인 상상, 이미지 트레이닝을 하면 시험 불안도 많이 없어진다는 것입니다, 이것도 꼭 명심하시고요.

> **두줄요약**
>
> 성공에 도달하려면 우리가 자신을 괴롭히지 못하게 하는 게 중요하다는 것도 꼭 기억합시다.
> 어떤 상황에서 거절당하는 상상을 더 좋은 상상으로 바꾸면, 최선의 답을 볼 수 있어요.

# 셋째 주
# 진지하고 차분하게 생각하는 수업

## 불안 신호, 좋은 거라고 계속 알려주기

'초심에는 불가능이란 없다'는 말이 있습니다. 처음 공부생활을 시작할 때는 열정적으로 노력합니다. 어느 정도 시간이 지나면 "힘들지만 얼마 되지 않았잖아?"라고 다그치면서 감정을 억누르죠. 4월이 지나기 시작하면 그때부터는 불안이라는 신호가 감지됩니다. 이 불안 때문에 상담 오는 친구들 참 많이 있거든요. 먼저 원인을 아는 게 중요합니다.

## 인간이 가지고 있는 가장 위대한 감정 중에 중 하나가 불안입니다

'소가 물을 마시면 우유가 나오고 뱀이 물을 마시면 독이 나온다'라는 이야기가 있어요. 똑같은 물을 마시고도 우유가 나올 수도, 독이 나올 수도 있다는 것은 그 원인이 물이 아니라 여러분의 마음가짐에 따라 결과물이 바뀐다는 겁니다.

여러분의 마음이 소냐 뱀이냐에 따라 독이 되기도 하고 물이 되기도 해요, 문제의 근원은 자기한테 있다는 겁니다. 감정도 마찬가지입니다. 많은 사람들이 감정 조절에 힘들어합니다. 한 번씩 욱! 하며 화내요. 감정은 여러분의 모든 학습과 일에서 가장 기본입니다. 분명 감정이 좋을 때 공부 잘되죠? 감정에 대해 준비하여 조절할 필요가 있을 것입니다.

여러분이 힘들어하는 감정 중 하나가 불안입니다. 이 불안이라는 감정은 나쁜 겁니까? 대부분 그냥 나쁘다고 해요. 하지만 인간이 가지고 있는 가장 위대한 감정 중 하나가 불안입니다. 동물과 인간 중 힘이 센 집단이 어디입니까? 동물이 훨씬 세잖아요. 우리에게는 지능이 있습니다. 그리고 미래를 내다보는 능력들을 갖췄는데, 그 능력 중 하나가 불안이라는 신호예요.

동물과 인간의 불안 신호는 달라요. 동물은 순간의 불안한 느낌으로 으르렁거리면서 위험을 감지하는데 인간은 더 앞서서 먼 미래까지 불안을 감지합니다. 원시시대부터 인간은 많은 위협을 받아왔습니다. 그 위협의 원인이 동물일 수도, 천재지변일 수도 있습니다. 그런데 우리 인간은 늘 뭐 했습니까? 삶의 터전을 방어합니다. 태풍을 막으려 바닷가에 방파제를 만들고 홍수에 대비하기 위해서 하천의 수로를 만들기 시작하고 동물로부터 위협을 받기 때문에 울타리를 짓습니다. 이것이 불안 신호를 통해 만들어진 문명의 발달이에요. 그 신호가 없었으면 어떻게 됐을까요?

원시시대부터 현재까지 긍정적인 인간이 많이 살아남았을까요? 아니면 부정적인 인간이 많이 살아남았을까요? 부정적 인간이죠. 공포 영화 보면 긍정적인 인간이 많이 죽을 것 같아요? 부정적인 인간이 많이 죽을 것 같아요? 네, 부정적인 인간이죠. 엄마가 가지 말라는 데는 절대 안 가요. 그래서 대비하는 우리에겐 부정적인 유전자가 많이 있다는 겁니다.

학생들이 저하고 상담하다 보면 이런 얘기를 많이 하거든요. "선생님 다른 애들은요 하나도 불안해하지 않는 것 같은데 저 혼자 불안한 것 같아요." 그러면 다른 애들이 불안하면 내가 불안해도 괜찮은 거예요? 잘 생각해 보아요.

## 내가 지금 스스로 좋은 거라고 계속 알려주는 거예요

보통 인간의 행복 기준은 자기만 보는 것이 아니라 비교해서 보는 겁니다. 키가 170cm라면 키 180cm들이 있는 곳에 있으면 뭔가 모자라는 것 같아 불행하죠. 그러나 키160cm 집단에 있으면 키 때문에 상처 받을 일은 거의 없겠죠. 상담 시즌이 되면 빈도 높은 상담 주제도 살펴 보는데 그중 절반 이상이 '불안'이라는 감정적 호소입니다. 보통 사람들은 불안에 대해 안 좋다고 인식하고 있어요. 하지만 남들도 다 불안하다고 생각하면 좀 더 위로될 겁니다. 불안의 원인은 딱 이거예요. 내가 해야 할 것을 알지만 하지 않고 있다는 것!

불안에 대한 신호는 의식과 무의식 중 어디일 것 같아요? 네. 무의식이에요. 컨트롤할 수 없는 감정의 상태에서 불안이 나와요. 무의식에서 불안 신호를 주면 의식은 가만히 있는 것이 아니라 그에 대한 명확한 이유를 찾으려 해요.

이런 말을 하는 친구들 많이 봤거든요. "선생님, 고등학교 3학년 때 한 시간 공부했습니다. 그런데 재수 생활을 시작하면서 10시간 공부해요. 요즘 이러면 서울대 갈 거 같아요."

현실적으로 보면 이 친구 서울대 갈 수 있어요? 없어요? 없잖아요. 다 자기 기준점이에요. 내가 작년에 5시간 공부하다가 올해 10시간을 공부하면 많이 한 거예요? 적게 한 거예요? 공부 시간은 늘었지만 그래도 서울대 가기에 노력하는 충분한 시간이라고 보기에는 부족하지요.

착각이라는 건 의식입니다. 서울대에 가기 위해서 100이라는 노력을 해야 한다는 것을 너무 잘 알고 있습니다. 하지만 현재 노력을 80 정도로 했죠. 자신이 20점 정도의 노력이 부족한 것을 잘 알고 있어요. 무의식이 자신에게 '불안' 신호를 보내죠. "너 지금

20 모자라잖아. 그렇게 해서 서울대 어떻게 갈래? 그러면 떨어져."
그렇게 불안 신호를 보내는 겁니다.

불안 신호가 오는 이유 중 하나가 기준점입니다. 기준점에 따라 불안 신호가 많이 와요. 학생들에게 중요한 6월 평가원 모의고사가 있습니다. 6월 평가원 시험에 불안한 학생들의 공통적인 내용이 "선생님, 제가 6월 평가원 때만큼은 적어도 이 성적은 내야 해요"입니다. 이 학생들은 기준점이 있는 애들이에요. 그 기준점 때문에 스트레스받고 성적이 나오지 않으면 그때부터 초조해지기 시작하면서 자기가 해야 할 것을 하지 못하고요. 결국 불안에 휩싸이기 시작한다는 겁니다. 이에 대한 해답은 불안은 누구나 가지고 있는 신호라고 생각하시고 그다음은 기준을 조금 낮추자는 거예요.

저는 또 학생들 볼 때마다 틈만 나면 제발 좀 부족하다고 인식하자고 이야기합니다. 어느 학생이 상담하러 왔어요. "선생님, 한 시간 동안 진짜 열심히 했거든요. 근데 다른 친구들은 다 이해하는 것 같은데 저는 이해가 안 돼요. 어떻게 해야 해요?" 이 상담 내용을 들었을 때 이 친구는 스스로가 부족하다고 인식했습니까? 자만하고 있습니까? 자만이에요. 왠지 아세요? 부족하다고 완벽히 인식한 사람은 한 시간 공부해서 안 되죠. 두 시간, 세 시간, 네 시간 계속할 거 아니에요. '나는 한 시간 가지고 안 되는구나!' 하고 두 시간, 세 시간, 네 시간을 할 텐데 자만덩어리 학생은 남들도 한 시간 하니까 자기도 한 시간만 하면 무조건 된다고 합니다. 이것이 여러분의 잘못된 인식이지요.

심리 수업은 답을 찾는 과정을 그리는 수업이 아니라 어느 상황에서 보다 나은 판단을 내리도록 해주는 수업입니다. 불안 신호? 좋은 것이라고 받아들이셨으면 좋겠습니다. 좋다는 인식을 지니면 그때부터 여러분이 훨씬 나아진다는 것 아시겠죠?

감정을 좋게 유지하면 공부도 잘됩니다.
불안 신호는 대비를 위한 것, 적극적으로 받아들여 보세요.

## 긍정의 심리학

우리는 '항상 열심히 해야 한다', '노력해야 한다', '인내를 가지고 살아야 한다' 그리고 '끈기를 가지고 살아야 한다'라는 명제가 강조되는 문화에 살고 있죠. 어떤 일을 할 때 내가 아무것도 하지 않은 상태에서 실패했다는 느낌을 받는 순간, 우리는 실패자라 느낍니다. 이것을 '낙인 효과'라고 불러요. 그 상태에서 자신에게 '나는 무엇이든 해도 안 된다'라고 말합니다. 따라서 우리는 종종 실패는 '성공의 어머니'보다는 '실패의 어머니'일 가능성이 더 높다고 느끼게 되는 것이죠.

'학습된 무기력감'이란 말이 있어요. 이 단어가 만들어진 이유는 딱 하나입니다. 무기력도 학습이 될 수 있다는 얘기입니다. 제가 공부한 심리학에도 여러 분야가 있습니다. 성격심리학도 있고 행동심리학도 있고 사회심리학도 있고 문화심리학 등도 있지요. 마틴 셀리그먼이란 교수는 긍정심리학이라는 학문을 만들었습니다. 이 긍정심리학에서 연구를 하는데 무기력이 학습될 수 있다면 긍정적인 자아 인식도 학습할 수 있다는 것을 발견했습니다. 이것을 성장형 동기라고 부릅니다.

동기부여는 타인을 통해서 혹은 영상 등을 통해서 얻어지는 결과물이라고 생각하는 거, 맞습니다. 동기는 행동을 가져오는 힘이 되는 것이죠. 성장형 동기라고 하는 것은 내가 스스로 선택하는 것에 따라서 내 동기로 만들 수 있으며 자신감, 자존감을 얻을 수 있다는 이야기가 됩니다.

성장형 동기를 가지는 방법은 생각보다 간단합니다. 첫 번째, 여러분이 쓰는 단어와 문장을 바꿨으면 좋겠습니다. 어떤 친구들은 이런 얘기를 합니다. "아, 짜증 나. 나 못 하겠어. 역시 나는 안돼!"라고 무의식적으로 혹은 의식적으로 말이죠. 이것은 고정형 동기라고 해요. 어떤 행동을 해보기도 전에 무조건 어떻게 인식을 합니까?

"나는 안 돼! 해도 안 돼!"

스스로 자신이 하는 일이 항상 불가능하다고 인식하는 겁니다.

뇌가 웃긴 게 뭔 줄 아세요? 얘는 익숙한 걸 좋아해요. 익숙하게 하다 보면 어느새 익숙함을 벗어나지 않은 상태를 바탕으로 고정적이고 무의식적인 행동으로 나타나죠.

예를 들어볼까요? 여러분이 식사할 때 식판에 밥이 딱 보이고 반찬이 보이면 일단 젓가락을 들고 그다음에 젓가락을 양손으로 들까? 한 손으로 들까? 오른손으로 들까? 왼손으로? 이렇게 생각하고 하나하나 하는 게 아니죠? 왜? 뇌에서 이미 익숙해졌기 때문에, 무의식적인 행동으로 나타나는 것입니다.

①컨닝을 10번 되뇌이세요. 컨닝 컨닝….
　미국 초대 대통령은 누구인가요? 링컨?

②꽃사슴이라고 10번 되뇌이세요. 꽃사슴 꽃사슴….
　산타클로스가 타고 다녔던 것은? 루돌프

③개구리라고 10번 되뇌이세요. 개구리 개구리….
　심청전에서 깨진 물항아리를 몸으로 막아 물이 새지
　않게 도와준 고마운 양서류는?
　두꺼비?

답은 뒷면으로

의식은 어떤 언어를 습득하느냐에 뇌가 그것을 받아들이고 습관적인 행동으로 나타나게 돼요. 그래서 앞으로는 언어를 성장형으로 많이 썼으면 하고 바라봅니다.

"어떤 일이든지 할 수 있어!"

"어떤 일이든지 난 잘하나 봐."

"이런 일은 나 아니고는 잘 안 될 것 같아!"

이런 식으로 긍정적인 성장형 언어 표현을 한다면 성장형 동기에 많은 도움을 준다는 걸 강조하는 거예요.

## 성공의 기억을 많이 만드셔야 해요

제가 많은 학생과 만나서 상담을 하잖아요? 성장의 동기가 있는 학생들 경우는 도전했다가 살짝 실패가 있을 때도 어차피 다음에 잘할 거니까, 다음엔 좀 더 열심히 해보자, 이런 마음을 갖고 이번에는 신경 안 쓰기보다는 그 실패를 개선하는 데 집중합니다.

하지만 시험에 대해서 걱정거리가 많고 잡생각이 많은 학생 같은 경우는

"선생님, 이번에 제가 시험을 망쳐서 어떻게 해요?" "시험 또 못칠 것 같아요. 어떻게 해요?" "이번에 잘 쳤는데 다음에 또 안 나오

면 어떡해요?"

이렇게 성장형 동기와 다른 식의 말을 하죠. 이런 식으로 스스로 고정하는 심리가 굉장히 높은 비율로 보입니다. 그래서 저는 여러분이 먼저 언어 습관부터 바꾸셨으면 좋겠습니다.

두 번째 이야기입니다. 지식은 오래 가는 지식과 오래 가지 못하는 지식이 있다는 거 여러분도 아실 거예요. 공부를 하면 단기 기억에서 없어지는 게 아니라 장기 기억까지 가고 싶으시잖아요. 뇌가 장기 기억으로 지식을 스며들게 하는 방법 중 하나는 스토리를 만드는 겁니다. 뇌는 그것을 좋아해요. 그리고 그 스토리에 감정까지 개입되면 더 기억 잘해요. 이때 작용하는 게 공감이죠. 예를 들어 드라마를 봤을 때 공감하면 더 기억이 오래갑니다.

마지막으로 뇌가 좋아하는 게 뭔 줄 아세요? 오감과 촉각으로 느낄 수 있던 경험이에요. 그래서 경험화된 지식이라고 부르는 게 기억에 오래 남는 거죠. 유럽에 가서 건물을 만져보고, 음식들을 먹어보고, 모든 오감 기관을 사용하면 그 기억은 여러분의 마음속에서 오래오래 남아 있게 됩니다. 그래서 어떤 일을 하게 될 때 가능하면 직접 체험하면 좋아요.

여러분은 성공의 기억을 만들어야 해요. 그래야 미래의 가치를 높게 평가하고 '나는 할 수 있다'라는 자기 효능성이 나타납니다. '나는 실패를 많이 해서 뭘 해도 안 된다'라고 인식하는 순간 다시 굳은 결심을 한 마음속에서 스르르 고정형 동기로 돌아갈 수밖에 없어요. 어떤 학생이 "선생님, 제가 성공하기 싫어서 안 하는 거 아니잖아요. 성공하기 어렵잖아요"라고 하는데, 이제는 다르게 생각해보세요! 성공하는 거 어렵지 않습니다.

여러분 성공한다는 게 뭔 줄 아세요? 아침 9시에 기상했던 사람이 갑자기 아침 6시에 일어나는 건 진짜 힘들죠. 힘들잖아요. 뇌는 갑작스럽게 오는 것에는 저항감을 보여요. 어느 순간부터 스스로 합리화하기 시작해서 잡생각을 만들어 놓습니다. "그래, 오늘은 좀 더 자자!" 그리고 5분만 누워 있겠다고 생각하며 다시 9시 패턴으로 갈 수밖에 없는 거예요.

저는 일단 성공을 위한 방법으로 작은 목표치를 권합니다. 내가 가지고 있는 수준에서 조금씩 스스로 업그레이드해 보자는 얘기입니다.

이 책을 보는 여러분 중 『넛지』라는 책을 본 분들도 있을 겁니다. '넛지 효과'라는 게 있어요. 억지로 갑자기 바꾸려는 시도가 아닌 조금씩 몸에 스며들게끔 바꾸었을 때, 습관은 점점 바뀌며 그것을 뇌가 인식할 시간을 줬기 때문에 결국 변화할 가능성이 크다는 거예요. 아침 9시에 일어났다가 6시에 기상하려면 먼저 8시 50분에 일어나고 다음 날 8시 40분, 또 그다음 날 8시 30분… 이런 식으로 단계별로 가야 성공이 이루어집니다.

모든 뿌리는 여기에 있다는 거 꼭 명심하셨으면 좋겠습니다.

의식은 어떤 언어를 습득하느냐에 뇌가 그것을 받아들이고

습관적인 행동으로 나타나게 돼요.

여러분은 성공의 기억을 만들어야 해요.

# 넷째 주
## 자신감을 주는 수업

## 나의 성향에 맞는 학습법을 찾는다

한 학생이 MBTI 검사와 관련한 사연을 보내왔어요.

"작년에 MBTI 검사를 한 후에 흥미가 생겨서 이것저것 찾아봤습니다. 전문적으로 배운 게 아니어서 그냥 인터넷에 떠도는 여러 가지 지식만 보고 저 혼자 임의로 판단하고 한정 짓는 나쁜 습관이 생겼어요. 예를 들면 공부하다가 갑자기 집중이 안 되면 '아~ 내가 INFP라서 N이 너무 강해서 그래, S인 애들은 비교적 공부에 집중을 잘하겠지. 난 어떻게 하면 S를 기를 수 있을까?' INFJ라서, ESP가 된다면 잘할 수 있을까? 이런 식으로요. 제가 잘하면 되는 문제라는 걸 알고는 있어도 계속 MBTI 타령을 합니다. 이런 검사 가지고 저 자신을 한정 지으면 안 된다는 거 알고 있지만 자꾸 저도 모르게 이런 생각을 하네요."

이런 내용입니다.

## '소고기가 맛있다, 돼지고기가 더 맛있다'라는 것은 내가 먹어봐야 알아요

학생의 사연에 '전문적으로 배운 게 아닌' 이란 이야기가 있거든요. 그 문장이 중요합니다. 상담하다 보면 학생들이 가족에 관하여 물어볼 때도 있어요. 저는 본인 문제가 아닌 다른 문제 이야기는 하지 말라고 얘기합니다. 상담할 때 바로 앞에 있는 '너' 아니면 상담을 하지 않는다고 얘기하는 것이죠.

저는 상담자입니다. 그리고 내담자가 있죠. 상담하고자 하는 사람은 내담자의 동생이죠. 상담자는 내담자와 서로 함께 마주 앉아 있는 시간에도 그의 행동을 면밀하게 봅니다. 그 사람이 쓰는 문장이나 그 안에 섞인 단어를 통해서 이 사람의 성격, 과거 이력을 뽑아내기 시작해요. 그런데 내가 그 동생은 봤나요? 본 적이 없죠. 동생에 대한 정보를 어디에서 얻습니까? 내담자를 통해서 얻었기 때문에 동생에 관한 판단은 내담자의 전적인 해석이에요. 전문적인 해석입니까? 비전문적인 해석입니까? 비전문적인 해석을 통해서 비전문적인 답변밖에 나오지 않는다는 거예요. 이해하셨죠? 그래서 '전문적으로 배운 것이 아닌' 이라는 말이 중요해요.

사연 중에 '저 혼자 임의로 판단하고 한정 짓는 나쁜 습관이 생겼다'라고 얘기해요. 내가 ENFP라서 N성향이 강하기 때문에 집중이 안 되고 있다고 해요. 심리학에는 바넘효과라는 게 있습니다. 내가 A형이면 A형 관련한 결과지에서 내가 가지고 있는 생각과 무의식적으로 맘에 드는 것, 그리고 공유된 것만 뽑아서 마치 A형이 그렇다고 착각하는 거예요.

사람은 확증 편향이 있어요. 어떠한 정보가 잘못된 정보든지 진실한 정보든지 상관없이, 내가 가진 생각과 성향에 맞춰 해석하고 공유하려는 심리예요.

그래서 이런 거는 나쁜 습관으로 안 봐도 되어요. 인간의 기본 심리이기 때문에 잘못됐다고 당장 마음 아파하지 않아도 된다는 말입니다. 예를 한번 들어볼까요? 먼저 N에 대해서 말할게요. N은 S에 비해서 장기적인 집중력보다는 순간적인 암기 능력이 좋다고 말할 수 있어요. 반면에 서서히 집중력이 올라가는 스타일이 S지요. N은 순간에 딱 꽂히면 그때부터 집중하는데 그 집중하는 시간 자체가 조금은 짧아요. 특히 단순한 패턴이에요.

이걸 단점이라고 여기는 것이 아닙니다. 그래서 자신한테 맞는 공부 방법을 봅시다. S 같은 성향의 경우는 1시간 혹은 2시간 계획을 잡아서 꾸준히 하는 게 보통 특징인데 N은 S를 따라 할 필요는 없지만, 좀 더 시간을 세분화하는 방법을 추천합니다. 국어 30분, 영어 30분, 수학 30분 이렇게 해도 되고요, 더 효과적인 방법은 국어 문제집이 여러 종류가 있으니, A 국어문제집 30분, B 국어문제집 30분, C 국어문제집 30분… 이렇게 공부하는 방법이 효율적입니다. 우리 학생이 S처럼 1시간 2시간 3시간 장기적인 집중력만을 좋아하고 요구하다 보니까, 스스로가 못한다고 판단하는 거예요. 하지만 방법은 만들면 됩니다. 고시 3관왕을 한 고승덕 변호사는 자신의 집중력이 짧아 시간을 쪼개어 책을 바꾸어가며 공부했다고 했어요.

〈토끼와 거북이〉라는 전래동화 있잖아요? 토끼와 거북이를 통해서 인내, 성실, 끈기, 의지 같은 것을 따지죠?. 심리학에서는 인내, 끈기, 의지력. 끈기도 하나의 재능이라고 봐요. 내가 끈기가 없다고 하는 것은 재능이 없는 것이 아니라 다른 재능이 있다는 겁니다. 다시 한번 강조합니다. '없다'가 아니에요. 여기서 없다고 보는 건 스스로 열등감을 가지는 관점이에요. 공부할 때 무조건 인내가 있어야 한다고 강조하지만, 현재의 관점에서 그건 아니라고 봅니다. 오히려 〈토끼와 거북이〉는 해석이 다르다고 저는 말합니다. 거북이가 미쳤다고 토끼하고 달리기합니까? 수영하자고 꼬셨으면 이미 끝났잖아요.

〈토끼와 거북이〉를 통해 얻은 교훈이 뭐였냐고 물으면 대부분의 사람들이 '성실' '인내' '끈기' '노력'이라고 말합니다. 그런데 긍정심리학 관점에서는 "거북아~ 네가 지금 네 다리를 가지고 있잖아? 수영하는 쪽에 쓴다면 정말 잘할 거야"라고 이야기합니다. 거북이가 토끼하고 비교하면서 "나, 왜 이렇게 느릴까? 왜 이렇게 빨리 달리지도 못할까?"라고 한탄만 하면 평생토록 자신의 장점을 찾지 못합니다. 자기의 홈구장인 바다로 못 나가요.

자신의 장점, 찾아보려고 생각해 봤나요? 가만히 앉아서 생각만 했다고요? 과연 그렇게 하면 찾을 수 있을까요?

소고기, 돼지고기, 양고기, 닭고기, 말고기 등등 여러 고기 중에 가장 맛있는 고기를 알려고 하면 내가 직접 먹어보는 경험이 있어야 가능합니다.

'소고기는 무조건 맛있어야 해!' '소고기 먹는 게 장점이니 옳은 일이야!'라고 여러분이 착각한다면 소고기보다 돼지고기를 좋아하는 사람은 스스로 "아! 나는 평범하지 않구나, 다른 사람은 다 소고기 좋아하는데, 왜 나는 돼지고기만 좋아하지?"라고 해석하는 사람을 보았습니다. 그래서 다양한 경험이 중요합니다. 되도록 많은 경험을 하십시오. 그것은 나를 찾기 위해서, 즉 내가 무엇을 잘하고 내가 어떤 학습 방법이 좋은지를 알아보는 겁니다. 심리 수업을 통해 다른 관점으로 내 모습을 보세요.

심리 수업을 하면서 저는 난처할 때가 있어요. 대표적인 것이 100% 답을 요구하는 학생들입니다. 심리는 인간을 연구하는 학문이기 때문에 100%라는 게 없어요. 답이 정해지지 않다 보니 확률적인 계산이죠. 다른 생각을 하는 사람은 부정하고 배척하는 게 보입니다. 반면 같은 생각을 하는 사람은 너무 좋아하죠. 이것을 보통 편견이라고 합니다.

관점을 한번 바꾸어 좋은 생각을 가지고 바라보면 다른 사람은 이럴 수도 있다고 안정하기 시작합니다. 무슨 말인지 아시겠죠? 자신의 장점을 알아내기 위해 많은 경험을 하십시오.

이제 좀 더 다양한 경험을 할 수 있는 좀 더 빠른 방법을 알려드립니다. 여러분의 학원이나 학교에 훌륭하신 선생님들 많이 계시잖아요. 그분들에게 먼저 물어보십시오. 국어 선생님, 수학 선생님, 영어 선생님 등 여러분이 계시기 때문에 상당히 도움이 될 거에요.

그리고 한 분에게만 물어보지 않으셨으면 좋겠습니다. 사람마다 공부 방법이 달라요. 어떤 분은 이렇게, 또 어떤 분은 저렇게 하라고 하시며 충고도 달라요. 다 들어보고 난 다음에, 나하고 제일 잘 맞는 걸 찾는 겁니다. 하나만 보고 그것이 세상 전부라는 인식은 정말 곤란하다는 걸 잊지 마세요.

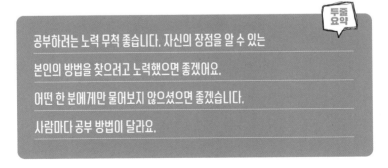

공부하려는 노력 무척 좋습니다. 자신의 장점을 알 수 있는
본인의 방법을 찾으려고 노력했으면 좋겠어요.
어떤 한 분에게만 물어보지 않으셨으면 좋겠습니다.
사람마다 공부 방법이 달라요.

# 최고의 성취력을 얻고, 최상의 집중력을 발휘한다

여러분이 모르는 이야기 중 하나는 MBTI도 전문가 자격증이 있다는 것입니다, 저는 국내에 몇 안 되는 MBTI 전문가 중에 하나입니다,

여러분 MBTI 정말 좋아하시죠? 그런데 저는 그 결과를 절대 단적으로 해석하지 말라는 이야기를 드리고 싶습니다.

## 3일만 버텨서 새로운 시작을 반복하라고 이야기합니다

P를 한번 보겠습니다. 왜 E도 I도 S도 아니고 N도 아니며, 왜 P인지는 이 글을 다 볼 때쯤 이해할 것입니다. 시작해 보면, P 옆에 있는 애들이 바로 J죠? J와 P의 행동 양식을 먼저 얘기합니다.

P가 들어간 친구들이 어릴 때부터 들어왔던 이야기를 봅시다. "끈기가 없다", "인내가 없다", "마무리를 잘 못 한다", "너는 시작은 잘하는데 마무리는 잘 못 한다"라는 말을 듣는 경우가 허다할 겁니다. 이 말이 과연 맞을까요? 아니라고 이야기합니다.

내 자체에 대해서 방법을 찾지 않고 규정을 해버린다면, 결국 나는 안 좋은 사람이 될 수밖에 없어요. P형들이 계획을 잡아도 그 마무리를 잘 못한다고 하는 비판이 많은데, 마무리를 짓지 못하는 이유는 뭘까요? P형들이 힘들어서 마무리 못 하나요? 아니죠? 그럼 무슨 이유일까요? 힘들다며 그만두는 건 하는 건 인내가 부족

한 거잖아요? 하지만 P형들이 계획을 잡고 끝까지 마무리 못 하는 대표적인 이유는 자만심이라는 마음 때문이에요.

헬스장 끊었죠. 그래서 운동 좀 하죠. 그러다가 어느 순간 '이 정도만 해도 되겠지?'하는 마음이 들어 안이해지지 않던가요? 다이어트할 때도 '배가 좀 들어갔네? 오늘 하루만 좀 먹어볼까?'라는 생각으로 슬그머니 그만두지 않았나요? 이렇게 보면 대부분 자만심이 큰 이유예요. 이해하셨죠?

'그래 이 정도면 됐겠지?'라는 생각이 들어올 때마다 '자만심이 발동하기 시작하네. 그래 자만심이야!'라고 이성적인 판단을 하고 어렵지만 '그래도 끝까지 가보자!'라는 생각을 해 보세요. 이제 P형 실패 원인을 아시겠죠? 그러면 지속이 가능한 구체적인 방법을 알려드리겠습니다.

P형은 일단 '첫 번째 3일만 버텨보자!'라는 마음으로 계획을 세워야 합니다. 장기간 계획을 세우기보다는 작은 계획을 세우고 3일만 버텨보십시오! 3일은 버틸 수 있잖아요. 그럼 3일 하고 하루 쉬고 3일 하고 하루 쉬는 걸 반복할 수 있는 거죠. 이렇게 하면 주 7일 중에 하루 쉬고 6일 공부하는 거죠. 괜찮죠? 다음 말을 마음속으로 한번 따라 하시면 좋습니다.

"작심 3일을 100번 하면 300일을 공부하는 거다."

P형은 시작할 때 더 에너지가 발생하는 사람들이에요. 그래서 새 책을 살 때도 되게 좋아해요. 그래서 새 책을 잘 봐요. 이 모습

이 P형이에요.

'그래, 난 시작이 훨씬 더 강한 P야'라고 인정했을 때는 하루 쉬고, 또 시작하고 또 시작했을 때 끝까지 갈 수 있는 엄청난 인내와 끈기가 나온다는 사실을 알아야 해요.

P형들은 재미있는 게 어느 장소에 가서도 그 장소의 분위기, 상황을 빨리 인식해요. 적응을 잘한다는 이야기잖아요, 3일 버티기도 적응을 잘할 수 있답니다. '3일만 버티고 새로운 시작하기' 이것을 반복하세요.

## 작심 3일을 100일만 하면 300일입니다

두 번째가 있어요. P형들은 계획을 잡는 건 좋은데 자신의 수준을 알고 계획을 잡아야 합니다. 3월에 이야기했던 거예요. 예를 들어서 내가 서울대학교에 가고 싶으면 내 위치에서 서울대학교까지의 계획을 잡아야 하죠. 그런데 서울대학교 관점에서 시작해 '나의 계획표'를 잡는 경우가 많습니다. 그 이야기는 뭐죠? 무리한 계획을 잡는다는 거예요. 내가 지키지 못하는 계획이 생성될 수밖에 없어요.

그런데 여러분, 자기가 어느 정도 수준인지 먼저 알고 난 다음에 내가 완수할 수 있는지 파악한다면 더 안정된 상태로 성공으로 나아갈 수 있어요. 성취감이라는 좋은 감정이 생기고, '내가 뭘 해도 되는구나'라는 안정적인 자존감이 쑥 올라가기 시작하게 돼요.

아시겠죠?

세 번째는 F형 친구입니다. 상담 시, EFP 3개 들어간 친구들한테 꼭 얘기하는 게 있습니다. 그들이 계획을 잡아도 실행률이 떨어지는 이유는 알고 보면 간단해요. E는 야행성 기질이 있고 F는 감정 기복이 좀 있어요. 야행성은 밤이 되면 될수록 기분이 점점 좋아지고, 뇌 활성화가 시작되면서 기분이 좋아지죠.

그런데 보통, 계획이란 오늘이 아닌 내일을 위한 계획을 잡는 거죠. 하지만 나는 야간에 기분이 좋아요. 특히 E하고 F가 붙은 학생들이 대개 내일의 계획을 잡을 때는 기분에 맞춰서 잡아요. 그렇기 때문에 모든 가능성을 올려서 105%의 계획표를 만들어 내요. 기분이 좋으면 뭐든지 다 할 수 있을 것 같잖아요.

야행성이 무엇입니까? 야행성 친구들은 보통 아침잠이 많죠? 아침에 당이 푹 떨어져서 밤에 짠 계획을 보면 엄두가 안 나는 거예요. 한숨이 나와요. 그래서 가급적 어떻게 해라? 아침에 일어나 계획을 잡으면 이성적인 관점으로 나를 볼 수 있기 때문에, 더 실행이 가능한 계획을 잡을 수 있다는 겁니다.


P형들은 마무리에 신경 쓰는 게 아니라 시작에 신경 쓰죠. 치약 짜는 거 보면 그냥 가운데부터 짜기 시작하고 튜브가 쭈글쭈글해서 조금 힘줘서 안 나오면 바로 버려요. 언제 기분이 제일 좋죠? 치약 상자에서 꺼냈을 때 통통하고 광택 나는 치약을 처음 짤

때 너무 좋아하죠. P들은 새로운 치약으로 양치를 가장 오래 합니다. 샴푸도 비슷하죠. 샴푸의 펌프를 눌렀을 때 샴푸액이 시원하게 나오지 않으면 바로 엄마를 부르죠. "엄마, 샴푸" 샴푸를 받고 새로 산 샴푸 펌프를 오픈하기 위해 옆으로 돌릴 때 가장 좋아하고 머리를 가장 오래 감습니다. 새로운 물건, 새로운 환경을 더 즐거워하는 거죠.

이와 대비해 J형을 볼게요. J형들은 대개 습관으로 보이는 경우가 많아요. 예를 들어 치약을 쓰잖아요. 얘들은 마무리에 정말 무척 신경 쓰거든요. "다 썼네!" 그러면 좀 심한 애는 칼로 반을 잘라서 벌리고 난 다음에 칫솔로 싹싹 긁어서까지 양치를 하거든요. 끝까지 마무리한다는 거예요. 거기서 성취감을 느끼죠.

보통 J형은 계획되지 않는 것에 스트레스 받는 민감한 구조를 가진 이들이에요. 만약에 어딘가에서 잠이 들었어요. 눈 떠보니. 갑자기 주변이 사막이에요. J는 "여기 어디야?" 당황하고 절망까지 하는데 P는 "와~ 사막이야!"라고 말합니다. 그만큼 새로움에 대한 인식을 좋아한다는 거예요. P형들 보면 재미있는 게 또 있잖아요. 아마 집에 있는 문제집 찾아보세요. 40페이지 아니면 50페이지 넘긴 게 거의 없죠? 책을 산 첫날 30페이지까지 다 풀었죠. 더 재미있는 것은 이들이 새 책을 산 첫날, 절반 이상을 풀었을 가능성이 높다는 거죠.

새로운 인식, 새로운 것에 대한 집중력이 아주 강한 성격이기

때문에 새로운 인식을 계속 반복만 할 수 있다면, 여러분은 공부 능력이 강해진다는 사실을 알았으면 좋겠습니다. 작심 3일 비판하는 거 아닙니다. 약점을 바꾸기보다 자신의 강점을 더욱 강하게 만들어 그 장점을 잘 활용할 수 있다면 그것이 정말로 좋지 않을까요?

> **두줄 요약**
>
> 나에게 맞는 공부 방법을 찾지 않는다면, 결국 안 좋은 결과를 얻을 수밖에 없어요.
>
> 새로운 인식을 계속 반복만 할 수 있다면, 학습 능력이 강해진다는 사실을 알았으면 좋겠습니다.

## 공부, 잘 습득하기 위해 좋은 상상하기

벌써?라는 말과 함께 4월이 지나갑니다. 한 달이라는 시간은 빨리 지나가요. 내가 무엇을 했는지 모를 때가 있어요. 나는 공부를 한다고 했는데 뭐지? 마치 밑 빠진 독에 물 붓기처럼 내가 해놓은 게 없다고 생각합니다.

## 그때 여러분이 슬럼프에 빠지기 너무나도 쉽다는 겁니다

여러분께 열심히만 하지 말라는 얘기를 하고 싶습니다. 우리는 공부를 열심히 한다고 하지요. 하지만 게임을 열심히 하나요? 아니면 게임을 그냥 하나요? 프로게이머가 아닌 이상, 게임을 그저 하지, 열심히 한다고 이야기하지 않아요.

열심이라는 말은 보통 '하기 싫은 걸 억지로 한다'란 느낌인데, 어쨌든 '열심히'는 좋아요, 그런데 열심히 하는 순간이 지나고 힘이 다할 때 즈음 그만큼의 결과물이 나오지 않으면 우리는 슬럼프에 빠지기 쉬워져요. 그래서 '열심'이라는 자체가 그렇게 좋은 건 아니라는 거예요.

인간은 자신의 노력을 과대평가하는 경우가 많습니다. 그래서 노력은 50을 해도 자신의 노력을 좀 높게 평가해 70을 바라보면서 성적이 50이 나오면 만족하기보다는 −20으로 판단하죠. 결국, 자신의 노력에 대해 좋은 평가를 하지 못하고 투자하는 노력도 점점 줄어들게 됩니다.

심리학 공부를 살짝이라도 해보신 분은 '빙산의 일각'이라는 표현을 접해 봤을 거예요. 수면 위에 보이는 빙산을 '의식'이라 부르고, 물속에 있는 보이지 않는 부분을 '무의식'이라고 표현해요. 어느 쪽이 더 큰가요? 의식이 큰가요? 아니면 무의식이 큰가요? 맞아요. 무의식이 큽니다.

심리학에서 90%는 무의식, 10%는 의식이라고 표현하는 겁니

다. 의식은 이성적 이야기고요. 무의식은 감정 아니면 상상을 얘기하는 겁니다. 의식이랑 무의식이랑 둘이 싸우면 누가 이길 것 같아요? 의식일까요? 무의식일까요? 거의 99%의 확률로 무의식이이겨요.

여기 기다란 널빤지가 있습니다. 길이가 5m입니다. 가로의 길이가 50cm입니다. 두께가 1cm 정도가 됩니다. 그것을 땅바닥에내려놓습니다. 제가 여러분 중 한 명에게 "널빤지 위로 올라가서,처음부터 저기 끝까지 한번 걸어가 봐!"라고 말하면 여러분은 걸어갈 수 있어요? 없어요? 99% 학생들은 가능할 겁니다.

이번에는 똑같은 상황을 다르게 적용해 보겠습니다. 인간이 가장 무서움을 느낀다는 11m짜리 건물 두 채가 있습니다. 이 널빤지를 옥상과 옥상 사이에 걸쳐놓겠습니다. 여러분은 밑을 내려다

봐요. 아찔하죠? 그때 제가 여러분에게 아까와 같이 널빤지로 올라가서 반대편 옥상으로 가보라고 했을 때는 여러분은 그것, 가능하세요?

상황이 다르니까 의미도 달라지죠? 그리고 여러분이 건너가려 했을 때 쉬워요? 어려워요? 성공한다고 말하기 쉽지 않을 거예요. 왜 어려울까요? '한번 해봐야지!'하고 널빤지를 한 발 밟자마자 무슨 생각이 드나요? 네 맞아요. 떨어지는 상상 아니면 몸이 갑자기 터지는 온갖 잡생각을 합니다.

그래서 여러분이 가지 못한다는 겁니다. 제가 강조해서 하고 싶은 말이 바로 이거예요.

## 긍정적 상상을 해보세요

마음속으로 따라 하십시오. '용기는 애초부터 존재하지 않는다'라고.

그렇습니다. 용기라는 건 존재하지 않습니다. 애초부터 없는 용기를 찾다 보니까 없죠. 항상 합리화하죠. '용기가 없으니 나는 못 한다'라고 스스로 핑계를 대면서 합리화시키면서 변화하지 않는 겁니다. 널빤지 말씀드렸죠? 여러분이 절대 용기가 없어서 반대편 옥상을 가지 못하는 게 아니에요. 방금 답을 드렸죠. 두려운 상상 때문이에요. 떨어진다는 상상, 그것 때문에 행동을 못 하는 거잖아요. 긍정적으로 상상하면 옥상과 옥상 사이를 건너갈 수 있는 마음이 생기겠지만 없는 용기만 찾다 보니까 단 한 번도 옥상 반대편으로 갈 수 없는 겁니다.

하나 더 얘기할게요. 라이프가드lifeguard라는 자격증이 있는데, 저는 그 교육에서 많이 배웠습니다. 교육받을 때 그 교관이 이런 얘기를 했습니다.

"여러분 절대 영화나 드라마 따라 하지 마십시오. 죽습니다."

사람이 물에 빠지면 영화처럼 당장 뛰어들어 구하는 게 맞다고 생각하잖아요? 교관은 절대 그러지 말래요. 물에 빠진 익수자는 이성적인 판단을 하지 못한다고 했어요. 무의식적인 상태가 된다고 했어요. 사람의 기본적인 본능은 생존 본능이죠. 생존 본능에서는 자기 힘에 무려 거의 10배까지 쓸 수 있대요. 익수자는 현재 무의식의 상태에서 목숨이 왔다 갔다 하기 때문에 자기 힘의 10배까지 쓰는 것이죠. 아무리 어린아이라 할지라도 그 힘을 감당하기 힘들다는 얘기입니다. 그래서 누군가 구하러 갔을 때 그 힘을 이기지 못해 둘 다 죽는다는 거예요.

그 응급상황 시 구조 방법 중 하나를 이야기해 보겠습니다. 익수자가 발생했는데 튜브가 없을 경우는 대략 3~5m 정도 간격을 유지하고 있으면서 그가 힘 빠질 때까지 기다려야 해요. 익수자가 힘이 없어져 꼬르르꼬르르 하는 위험수위까지 이르면, 목이나 머리채를 잡고 끌어와야 합니다.

이제 공부에서 긍정적 상상법을 적용해 보겠습니다. 여러분은 1

시간 공부하는 게 중요합니까? 1시간 공부한 내용을 습득하는 게 중요합니까? 당연히 습득하는 게 중요하죠?

많은 학생들이 한 시간 공부하는 것에만 신경 썼지, 공부한 내용을 습득하기 위한 준비는 전혀 하지 않아요. 그러나 운동을 하기 전에 준비 운동을 해야 안 다치듯이 여러분이 공부하기 전에 한 시간 내용을 습득할 수 있는 내 컨디션, 내 감정, 내 무의식의 상태를 잘 조절하고 좋은 환경을 만들어야 합니다.

늘 자신이 기분 좋을 방법을 연구했으면 좋겠습니다. 무작정 학교 가서 1교시, 2교시 수업 들으면 어떤 내용을 했는지 기억나요? 안 나죠? 많은 학생들이 오전에 멍한 상태로 수업을 듣죠. 아무것도 기억 안 납니다. 이런 학습시간을 많이 경험한 거예요.

제가 앞에서 '열심히만 하지 말라'고 이야기한 것은 여러분이 지금 하는 것을 부정적으로 보기보다 한 시간의 내용을 잘 습득할 수 있도록 자신에게 좋은 상상을 많이 한다면 훨씬 더 효율이 좋다는 겁니다.

친구들과 놀다가 바로 수업 듣거나 하지 마세요. 1분간만 투자해요. 1분간만 딱 자세 똑바로 하고 눈을 감아요. 그리고 국어, 영어, 수학 선생님들의 캐릭터를 그려봐요. 진심으로 자기한테 이렇게 속삭여 보세요.

'나는 이번 수업 시간에 모든 내용을 들을 자신이 있으며 준비가 되어 있다. 지금 들어오시는 이 선생님은 나에게 정말 국어의

신이고 영어의 신이고 수학의 신이다. 나는 분명히 그분들의 말씀을 잘 받아들일 것이다. 나는 집중력이 좋으며 나는 정말 기분이 좋으며 나는 이 내용을 다 숙지할 수 있고 습득할 수 있고 이해하고 공감할 수 있는 능력을 분명히 지니고 있다.'

이런 마음가짐을 먼저 잡고 학습을 진행하면 수업 내용이 오래도록 남는 장기 기억으로 만들어질 겁니다. 정말 올해, 내 인생의 기적을 보이겠다는 마음을 가져 보세요.

두줄요약

긍정적으로 상상하면 옥상과 옥상 사이를 건너갈 수 있는 마음이 생기겠지만 없는 용기를 찾다 보니까 단 한 번도 옥상 반대편에 갈 수 없어요. '열심히만 하지 말라'는 것은 한 시간의 내용을 잘 습득할 수 있는 환경을 만들어 좋은 상상을 많이 한다면 훨씬 효율이 좋다는 겁니다.

5월

# 지금, 내가 잘하고 있다는 증거

# 첫째 주
# 약간 편안한 마음, 다지는 수업

## '어렵다'고 생각하기로

MBTI 검사가 학생들에게 많은 관심을 받고 있습니다. 그래서 이 검사에 기대어 예를 하나 생각해 봅시다. '왜 나는 쉽게 그만두는 걸까?'라고 말하는 사람들의 특징은 MBTI 맨 마지막 P일 가능성이 커요. 그런데 이 지면을 통해 이야기하는 보편적인 성향인 것이지, 이 P라는 사람의 문제는 아니에요.

제가 사람들이 '왜 쉽게 그만두는 행동이 나왔을까?'라는 것에 관해서 연구하다 보니까 동기와 관련이 있다는 걸 알게 되었습니다. 이에 대해 '누구나 동기'와 '아무나 동기'라는 것으로 나누면 어떨지 생각해 보았어요.

'누구나 동기'는 쉽게 접근해요. '아무나 동기'는 쉽지 않죠. 어렵게 접근해요. 어떤 일을 하려는 동기에 대한 접근, 그 방식 자체가 완벽히 다르다는 겁니다.

앞에서도 이야기했지만 저는 특수부대에 입소했는데 128기예요. 저의 기억으로는 2000년도 3월에 약 300명이 특전사가 되기 위해서 들어왔고 6개월 뒤 최종으로 남은 친구들은 제 기억으로는 약 120명 정도였어요, 그들만이 특전사라는 휘장과 검은 베레모를 받게 돼요.

그때를 돌아보면, 스무 살이었을 저는 당장이라도 퇴소하고 싶었습니다. 특수부대 훈련 방침은 '하고자 하는 놈만 데리고 간다'는 것이기에 "네가 하기 싫으면, 가!"라는 방식이었어요. 교관들도 정말 힘들게 해놓고 "야~ 가! 힘들지? 집에 가!"이런 식으로 계속 유혹했죠. 이때 제일 힘들었던 것은 교관들의 유혹이 아닌 옆에 있던 동기들이 교관한테 가서 "저 퇴소하겠습니다"라고 하고 그냥 짐을 싸서 나가는 걸 볼 때입니다.

내 자리에서 그 모습을 봤을 때는 내가 가지고 있는 내적 동기와 일치하잖아요. '가고 싶어 미치겠다!'라는 내적 동기! 그래서 그때 너무 힘들었던 것이 아니었을까 생각합니다. 퇴소하는 동기들에게 "왜 퇴소하냐?"라고 물어보면 그 친구들은 거의 똑같이 "나, 이렇게 힘들 줄 몰랐어"라고 말했습니다.

그런데 제 아버님이 특전사 선배시거든요. 혼날 때마다 군대 얘기를 많이 들었죠. 제 머릿속에서는 특전사는 엄청 힘들다고 미리부터 인식하고 있었어요. 대부분의 퇴소했던 친구들은 '쉽다' '검은색 베레모' '특수부대' '좀 더 뭔가 있어 보인다'라는 막연한 생각을 하고 들어오지 않았을까요? 결국 그 훈련을 버티지 못하고 나가 버리더라고요.

생각과 현실이 다르면 버티기 힘듭니다.

## 쉽게 생각하지 마십시오

혹시 '죄수의 딜레마' 아시나요? 그 내용은 내가 먼저 배신하면 내가 살고, 상대방이 먼저 배신하면 내가 죽는 거예요. 그 실험을 했을 때 초반에는 거의 5대 5의 비율로 서로가 함께 괜찮아지는 경우가 많이 발생하는데 후반부로 가면 갈수록 배신하는 비율이 70% 이상으로 바뀐 경우가 있습니다.

상대방이 배신하거나 내가 배신하거나 하는 경우입니다. 그 원인은 '예비된 기억'입니다. 죄수들이 각각 서로 분리된 상황에서, 수사관이 "그 친구가 너 배신할 수 있으니 그냥 네가 먼저 그 친구 범죄 사실을 인정해"라고 하면 처음에는 물론 "아니야! 아니야! 끝까지 난 지킬래"라고 하겠지만 그 친구에 대해서 나쁜 얘기를 듣게 됩니다. "걔는 배신하는 사람이야! 걔는 전과도 있고 예전에 배신했던 케이스가 너무 많아." 이런 말을 계속 수사관에게서 들어요.

"여러분이 어떤 걸 시작하면
누구나 하는 것이 아니고 아무나 못 하는 겁니다."

그러다보면 어느 순간 상대가 나를 배신할 가능성을 예측해 내가 상대를 먼저 배신할 가능성이 커집니다.

'어렵다'라고 생각했던 친구들은 과정이 어려워도 '어렵다'는 걸 알고 왔으니 당연히 '버텨야 한다!'라는 생각으로 마무리를 지으려고 합니다. 그러나 '쉽다'라고 생각한 친구들이 '어렵다'라는 과정을 만나게 되면 내 생각과 실제와의 큰 차이로 그만 괴리감이 생기잖아요. 괴리감을 통해서 뭐가 생깁니까? 자기 합리화죠. '내가 이걸 하는 게 맞나?' 혹은 '굳이 내가 이걸 해야 되나'고 생각하며 스스로 포기해 버려요.

여러분들, 의대 진학을 많이 이야기하잖아요. 의사라는 직업에 대해서 생각하면 대부분 장점이 많습니다. 하지만 의사가 되는 과정은 정말 힘들잖아요. 제가 13년째 학생들을 가르치다 보니 의대 간 친구들이 좀 있어요. 그런데 한 번씩 저한테 전화가 오곤 해요. "선생님, 도저히 못 해먹겠습니다. 저 그냥 그만둘까요?"라고 해요. 무조건 행복하지는 않나 봐요.

물론 의대 공부 무척 힘듭니다, 그 과정을 보내며 의사 자체의 생활을 '어렵다'라고 인식하고 있던 사람은 끝까지 버텨내요. 그냥 의사에 대해서 좋은 생각만 가지고 공부 잘하면 쉽게 접근하고 누구나 할 수 있는 거라고 생각했던 친구들은 그 과정을 잘 버티지 못하더라고요.

이제, 답을 드립니다. 시작은 신중히 하는 게 맞습니다. 의사가 얼마나 힘든지 먼저 알고 접근하는 것이 의대에 합격하고 의사가 되는 과정에서 내가 버틸 힘의 바탕으로 생성되는 겁니다.

진짜 의사가 되기를 원하시는 친구들은 하루 정도 응급실에 가서 그들이 얼마나 힘들게 일하고 환자들한테 모욕당하고 시달리는 모습을 봤으면 좋겠어요. 어렵다는 걸 인지했음에도 불구하고 그래도 '의사를 하겠다!'하면 그 결심이 동기가 되어서 끝까지 실행할 힘이 되어 나타난다는 사실을 알았으면 합니다.

어떤 일을 할 때 그 일에 대해 너무 쉽게 생각하지 마십시오. 쉽게 생각하는 건 과정에서 무너질 가능성이 크다는 겁니다. 수험생활은 힘듭니다. 재수하는 친구들도 보면 '그냥 하면 되지 뭐'라며 생각했던 친구들은 기숙학원이나 재수종합반에 들어가서 어김없이 무너지는 일이 종종 있어요.

여러분이 어떤 걸 시작하면 누구나 하는 것이 아니고 아무나 못 하는 겁니다. '어렵다'라는 마음으로 시작하면 훨씬 더 그 과정이 괜찮다는 점을 명심하셨으면 좋겠습니다. 아시겠죠? 아! 제일 중요한 것이 있습니다. 끝까지 포기하지 말라는 것이죠.

해병대에 이런 말이 있습니다. 누구나 해병이 될 수 있었다면 나는 결코 해병대를 선택하지 않았을 것이다.

쉽게 생각하지 마십시오. 쉽게 생각하는 건 과정에서

무너질 가능성이 크다는 겁니다.

'어렵다'라고 생각했던 친구들은 과정이 어려워도 '버텨야 해!'라는

생각으로 마무리를 지으려고 합니다.

## 긍정적 해석으로

이제 이성관계 이야기를 해볼까요? 이성관계에 관한 상담은 힘들지 않습니다. 저는 오히려 재밌게 느껴집니다. 누군가가 누군가를 좋아하는 것도 재미있고요. 제가 오프라인 출강하는 곳은 기숙학원이나 재수종합반입니다. 여기에는 기본적이고 절대적인 규칙이 하나 있습니다. 이성 교제에 관한 겁니다.

학원 안에서 이성 간에 대화도 안 되고 쪽지를 보내도 안 됩니다. 이런 일이 사실로 발각되면 퇴소당할 정도로 엄격해요. 그러다 보니 학생들이 사랑에 대한 감정에 대해서 누군가에게 이야기하고 싶은데 솔직히 이야기를 못 해요.

예를 들어서 담임 선생님에게 "선생님 저 누군가를 사랑합니다"라고 말하면 선생님이 당장 이런 한마디만 하십니다. "그래, 퇴소

하자"라고. 그건 너무 위험한 일이지요. 결국 그 모든 이야기가 저한테 옵니다.

어느 남학생이 저한테 와서 "선생님, 저 너무 ○○를 사랑합니다" 막 이렇게 이야기를 해요. 그런 이야기를 하며 너무 안타까워하면 그 학생에게 제가 뚫을 수 있는 창 같은 방법을 가르쳐줍니다. 그런데 한 달 뒤에 어느 여학생이 와서 저한테 막 짜증을 내면서 "선생님, 이상한 놈이 있는데 맨날 저한테 좋다고 이상한 방법을 써요" 이런 이야기를 해요. 알고 보니까 그 남학생이었습니다. 그때, '아차, 이런 방법을 알려주면 안 되겠구나!' 하고 혼자 가슴을 쓸어내리기도 하고요. 그만큼 이성적인 문제에 대해 저에게 얘기를 많이 하고 있어요. 아무튼 좋아하는 사람의 감정은 쉽게 없앨 수는 없어요. 사람이 어떻게 그리 쉽게 좋아하는 감정을 없애겠어요? 그 자체는 말이 안 돼요.

## 한 여학생이 있습니다

공부를 방해하는 첫 번째 요인이 뭔지 아세요? 재미있게도 잡생각입니다. 자잘한 생각들이 공부에 방해가 되죠. 그런데 내가 갑자기 "아! 잡생각 저리 가" 한다고 해서 그 생각들이 갑자기 "그래, 알았어. 아디오스" 하면서 저 멀리로 가던가요? 아니죠. 오히려 더욱 크게 생각난다고 하죠. 잡생각을 여러분이 원할 때 끊어낼 수 있다는 것은 신의 경지에 가깝습니다. 그래서 저는 다른 방법을 소개하고자 하는데 그전에 먼저 잡생각의 원리를 보여드릴게요.

여러분들, 맥도날드 표시 아시죠? 노란색 맥도날드 M자가 있습니다. 지금 여러분이 노란색 맥도날드 그리셨는데 그 M자를 지금부터 잡생각이라고 생각합니다. 그 글자 한번 없애보세요. 맥도날드 이미지 한번 없애보세요. 쉽나요? 아니죠? 갑자기 M자가 점점 날아다니기 시작하죠. 더욱더 커지고 말아요. 그죠?

여기서 생각의 원리 공식을 하나 알려드리겠습니다. 생각은 저항하면 저항할수록 변형되거나 더욱더 커집니다. 좋아하는 상대를 향해 "좋아하지 않겠다"라고 하면 그 감정이 더욱더 증폭된다는 이야기예요. 그럼 어떻게 해야 할까요?

기숙학원에서 제가 상담했던 사례를 말씀드리겠습니다. 한 여학생이 있습니다. 이 여학생은 A반이에요. 그리고 좋아하는 상대 남학생은 B반입니다. 여학생은 쉬는 시간에 남학생을 마주칩니다. 그러면 그 남학생에 대한 생각 때문에 공부가 안 된다고 하지요.

이건 좋아하는 감정을 다르게 해석해서 상대를 스트레스라고 인식하는 것이에요. 그 여학생은 좋아하는 남학생에 대해서 생각하는 게 긍정적인가요? 부정적인가요? 부정적 인식이에요. 나의 학습을 방해하는 요인을 스스로 만들어 버린 거죠. 그러다 보니 남학생을 볼 때마다 공부가 잘되나요? 안 되나요? 안 되는 거예요. 그 남학생을 잊으려 노력하는데도 결국 어떻게 된다? 그 감정이 스트레스 요인이 돼버려요.

## 잊으려 하지 마시고요

우리가 누군가를 좋아하면 좋아하는 사람을 봤을 때는 기분이 좋아집니까? 나빠집니까? 기분이 정말 좋아지는 게 일반적이죠. 그래서 우리는 '좋다'라고 표현하죠. 그다음에는 '편안하다'라는 감정이 느껴지고요.

그렇기 때문에 우리는 생각을 바꿔 봐야 합니다. 우리가 공부를 진짜 열심히 하다가 좋아하는 사람을 봤을 때면 "안 그래도 공부 때문에 미치게 힘들었는데, 그래도 너를 보니까 참 좋다!"라고 혼자 말해보세요. 어떤 느낌이 됩니까? 학습 방해 요인이 되는 것이 아니라 뭐가 되죠? 동기부여라든지 아니면 엄청난 정신적 안정감이 만들어진다는 겁니다.

억지로 좋아한다는 감정을 잊으려 하지 마세요. 마음과 달리 잊으려 한다는 건 잘못된 거고요. 현재 헤어진 것도 아니잖아요. 좋아한다는 것은 헤어진 것과 좀 다릅니다. 그 좋아하는 대상을 바로 나의 휴식처라고 생각하시면 일상 루틴을 지키기가 훨씬 수월합니다. 기숙학원 같은 경우는 아침 6시에 일어나서 밤 11시 반까지 공부만 하는 생활, 정말 힘들잖아요. 그 힘들고 폐쇄적인 공간에서 지내던 어느 남학생은 이런 얘기를 했었어요.

"선생님, 너무 힘들어서 퇴소하고 싶을 때가 많았는데 Y 때문에 퇴소 못 했어요. Y 때문에 진짜 열심히 했습니다"라고 얘기했고 "그애를 볼 때마다 휴식하는 것 같아요. 정말 좋았어요. 마무리 잘할 수 있었습니다."

어때요? 어딜 봐도 긍정 요인이죠? 이런 사례들이 바로 좋아한다는 감정이 부정이 아닌 긍정의 요인으로 작용한다는 걸 보여주죠.

그래서 우리의 마음속에 자리한 "좋아하는 감정"을 어떻게 하라고요? 긍정의 요인으로 해석한다. 그리고 그럴 수 있도록 생각을 바꾼다. 이것을 꼭 명심하고요. 모든 상황은 내가 어떻게 인식하느냐에 따라서 달라진다는 것, 마음에 꼭꼭 새기고 앞으로 남은 기간 동안 더 파이팅합시다!

잊으려 하지 마세요. 잊으려 한다는 건 잘못된 거고요.
모든 상황은 내가 어떻게 인식하느냐에 따라서 달라진다는 것을 마음속에 새깁시다.

# 둘째 주
# 힘차게 다시, 적응 수업

## 나를 응원하는 것부터

이즈음은 바빠집니다. 재학생은 기말고사, 수능을 준비하는 학생들은 6월 평가원 모의고사를 앞두고 있기 때문입니다.

제가 아는 특수부대 교관의 명언을 한번 들려드리겠는데 그전에 제 옛이야기를 잠시 해야 합니다. 저는 개인적으로 특수부대 들어가는 건 그렇게 어렵지 않다고 봐요. 초반의 체력 평가만 잘 넘어가 준다면 입소는 그렇게 어렵지는 않습니다. 진짜 힘든 시간은 6개월 훈련 과정인데, 그때가 정말 미쳐요. 제가 있던 시기만 해도 같은 기수 절반 이상이 도저히 못 하겠다며 자진 퇴소를 했어요.

## 네가 느끼는 고통은 단순한 고통이 아니라
## 네가 성장하고 있다는 바로 증거 성장통이다

저 역시도 힘들었어요. 저는 전문적으로 운동했던 사람이 아닙니다. 단지 아버지가 쎄셨어요. 아버지는 남성으로서는 저를 무시하셨기에 저는 아버지한테 무시당하지 않기 위해서 애를 쓰면서도 늘 주눅 들어 있었어요. 그런 주눅이 영향이 있던 걸까요? 당시 저의 모습은 시작은 하는데 마무리 짓지 못하고, 인내도 없고 끈기도 없던 아이였습니다. 그래서 저의 모습이 너무 싫었습니다.

그래서 특전사 128기수로 입소했는데 저는 제가 잘할 줄 알았어요. 그런데 제가 미처 생각하지 못한 게 있었습니다. 저는 어릴 때부터 심장병이 있었습니다. 하지만 제 심장병은 수술을 할 정도는 아니었고요. 어렸을 때 좋아하던 양호 선생님이 체력 검증 도중에 쓰러진 절 보시고는 "종환아, 너 혹시 심장병이 있었니?"라고 말씀하셨던 것이 병에 대한 인식의 시작이었어요. 쓰러졌을 당시 숨조차 쉬지 못할 정도 고통이 있잖아요? 그 고통과 심장병이 연결됐던 것 같아요. 그 이후로 저는 1km 이상은 못 뛰는 아이가 되어 버렸습니다.

그래도 저는 훈련에 갔어요. 입소 바로 다음 날, 10km를 뛰더라고요. 큰일 났죠. 일단 뛰었어요. 1km를 넘자 심장이 죄어오는 고통이 오더라고요. 그래서 쓰러졌죠. 곧 교관이 달려오더니 "99번! 지금 뭐 하나? 뭐 하냐고!" 소리를 지르는 겁니다. 저는 가슴을 부여잡고 심장병이 있어 죽을 것 같다고 했어요. 예전에 중·고등학교 선생님들한테는 이런 연기가 통했거든요.

군대는 달랐습니다. "그런가? 99번! 그러면 죽어라!" 할 말이 없는 거예요. 저를 세게 일으켜 세우더니 앞으로 뛰어가도록 밀면서, 교관도 같이 뛰더라고요. 그러면서 엄청나게 암시를 합니다. 이때의 암시는 '넌 할 수 있어' 같은 긍정적인 게 아니에요. 특수부대 같은 경우는 자진 퇴소를 일부러 유도합니다. 자신의 힘으로 버티지 못하면 어떤 훈련도 버티지 못한다고 강조합니다. 교관이 옆에서 "포기해라, 포기해라. 그냥 실패자로 낙인찍혀라" 저의 옆에서 계속 그러는 겁니다. 괜히 기분이 나빴지만 신기하게도 그 소리 때문인지 10km를 뛰게 되더라고요.

도착하고 나니 다리가 풀렸어요. 일과 시간이 끝나고 숙소에 갔습니다. 방송이 나왔습니다. "99번! 99번! 행정실로 와라"라고요. 부지런히 갔는데 교관이 절 보더니 "힘드냐?" 물어서 힘차게 "아닙니다!"라고 대답했어요. 저도 모르게 눈물이 나왔어요. 교관이 힘들면 힘들다고 해도 된다고 해서 "힘듭니다!"라고 약간 힘을 빼고 말했어요. 그 순간 교관은 제가 아직도 생생하게 그때를 기억하게 하는 말을 했습니다.

"99번, 지금 네가 느끼는 고통은 단순한 고통이 아니야. 네가 성장하고 있다는 성장통이다. 그 고통을 가지고 있음에도 너는 퇴소하지 않고 끝까지 오늘 하루를 마무리했다는 것을 자랑스러워해

라. 앞으로 그렇게 하길 바란다." 그 말 듣고 전 울었어요.

학생들, 특히 수험생들은 모의고사 앞두고 불안한 학생들이 꽤 있을 겁니다. 지금 공부생활의 힘든 고비를 겪을 시기이기도 하고요. 힘들죠? 그런데 지금 느끼는 고통이 바로 성장통이에요. 저는 여러분의 힘듦에 굉장히 공감합니다.

그렇게 공부하기 싫고, 힘들고, 지치지만 여러분은 김종환의 심리 수업을 읽고 계십니다. 지금의 상황을 어떻게든 이겨내기 위한 나의 본성, 나의 욕구, 나의 자존감이 내 안에 있기 때문에 이 책을 읽는 겁니다. 국어, 수학, 영어 선생님 수업을 들으며 끝까지 공부하고 참아내는 사람은 바로 여러분 자신입니다. 그런 자신의 모습을 바라보면서 자랑스러워하십시오.

백에 하나 모의고사 점수가 잘못 나와서 좌절해도, 슬퍼도 끝까지, 여러분의 목표까지 갈 거잖아요. 그것이 여러분이 성장하고 있고 자랑스러워할 일이라는 것을 꼭 명심하셨으면 좋겠습니다. 오늘 힘들지만 마무리를 잘한 스스로에게 힘내라고 응원해 주세요. 그 응원이 모이고 모이면 여러분의 크나큰 자존감으로 발전된다는 것, 꼭 명심하시기 바랍니다.

지금 네가 느끼는 고통은 단순한 고통이 아니야.

네가 성장하고 있다는 성장통이다.

오늘 힘들지만 마무리 잘한 스스로에게 힘내라고 응원해 주세요.

# 두려움이 생겼다면, 그것을 인정하고 받아들이는 것부터

이번 장에서는 조금 무거운 얘기를 하고 싶습니다. 우리 학생들이 초심이라는 힘찬 감정을 가지고 쭉 가면 좋은데 시간이 가고 공부를 하다 보니까 옆에 있는 친구들과 비교하게 되고 그 비교를 통해서 무너지는 경우가 많이 있어요. 이와 더불어 심각하게도 부모님, 친구 사이 등 여러 문제로 인해서 자신의 미래가 되게 어둡게 생각되는 정도가 될 수도 있어요.

저는 중학교 시절에 왕따였습니다. 제 성격이 모나서라기보다는 학폭의 피해자라고 생각해요. 아주 오래전이지만 그 시절에는 너무 힘들었습니다. 그 상황에서 항상 저의 머릿속에는 '어떻게든 그 친구를 피해 다니거나 숨는다'라는 외침이 떠돌아다녔어요. 그 기억이 생생합니다.

저를 괴롭히던 그애가 같이 있으면 문제가 되잖아요? 그런데도 그애랑은 어찌 된 일인지 1학년, 2학년, 3학년 때 계속 같은 반이었어요. 험난한 길이 있었겠죠? 저는 3년 동안 피하고 숨어 있는 것에 집중했고, 거기에 저의 능력이 탁월하게 향상되더라고요. 그애하고는 고등학교 올라가서야 완전히 분리됐었는데 그때부터 저는 운동을 하기 시작했습니다. 그 이유는 어떤 상황에 숨지 않고 맞서기 위해서였어요.

## 현재라는 오늘 하루 상황에, 미래는 바뀌기 시작합니다

　운동은 유도를 했어요. 점점 자신감은 늘어났고 힘도 세졌습니다. 그런데 그거 아세요? 오랫동안 뿌리박힌 인식을 바꾸기는 쉽지 않다는 거요. 저를 주도적으로 괴롭혔던 그 친구는 저한테는 거의 태산과 같았어요. 길거리에서 우연히 그 친구를 봤을 때, 저는 유도를 했지만 갑자기 숨이 차고 심장이 심하게 뛰더라고요. 특수부대 지원도 어쩌면 더 강해지겠다는 마음일지 모릅니다. 4년이 넘는 특수부대 생활을 했는데 진짜, 몸은 학생 때와는 비교가 안 되게 건강해졌거든요. 그런데도 어느 날 길거리에서 그 친구를 봤을 때 무섭더라고요. 군에 있을 땐 다른 특수부대 분들하고도 훈련하면서 마주하며 스파링도 했거든요. 그렇게 강해졌음에도 불구하고 그 친구 앞에만 서면 작아지더라고요.

　아무튼 한 해, 한 해 지나며 저를 바꾸기 위해서 나름대로 노력했고 특히, 저에게 닥치는 모든 고난을 피하기보다는 어떻게든 견뎌내 보자는 생각을 계속해 왔습니다. 그렇게 생활해 오다가 지방에 있는 한 대학교에서 제 인생에서 처음으로 교수를 하게 됐었어요. 어느 날 학과장님이 "이번에 학생들 엠티 가는데 가급적이면 참석하세요"라고 권유했습니다. 이 말은 '참석 안 하면 너 죽는다'라는 이야기예요. 그래서 다른 곳에서 강의가 끝나고 저녁 9시경에 학생들이 모여 있는 MT 장소로(일정이 1박 2일로 잡혔었거든요) 향했습니다.

그런데 MT 장소 때문에 놀랐어요. 용인 에버랜드 캐빈하우스를 혹시 아세요? 그중 2번 캐빈하우스로 찾아갔습니다. 무심코 입구 문을 잡자마자 갑자기 소름이 끼쳤고, 순간 아찔해지며 저도 모르게 그만 풀썩 주저앉고 말았어요. 중학교 때 수학여행을 용인 에버랜드로 왔었어요. 일상적으로 학교에 다닐 때는 끝나자마자 집으로 도망칠 수 있었는데 수학여행 때는 그렇지 못하잖아요. 네, 저는 3박 4일 동안 피하지 못하고 그 친구한테 끌려다녔어요. 그게 바로 케빈하우스 2번이었죠! 저는 그 집으로 다시 소환되었던 겁니다. 그 앞에서 한 시간 내내 울었던 것 그런데 그건 과거의 트라우마로 만들어진 눈물이 아니에요.

저는 그때 열네 살, 열다섯 살, 열여섯 살의 종환이를 봤던 거예요. 힘들었던 그 장소, 그 케빈하우스! 꿈이 없었던 저 김종환이 이제는 대학교수가 되어 같은 장소에 다시 왔던 것이죠. 제게 감격했습니다. 그래서 이제 성인이 된 종환이가 어린 종환이에게 이렇게 말할 수 있습니다.

"여기까지 포기하지 않고 살아줘서 너무 고마워."

이 이야기를 통해 여러분에게 드리고 싶은 말은 나를 상하게 하는 감정으로, 나를 싫어하는 마음으로 자신의 미래를 함부로 평가하지 말라는 말입니다. 사람이 가지고 있는 감정에 따라서 해석이 달라지는 건 아실 겁니다. '나는 못났다', '나는 진짜 안 되겠다', '나는 정말 왜 이렇게 못났을까?' 그런 감정을 가지고 여러분의 미래를 함부로 평가하지 말라는 얘기입니다.

그렇다면 내가 나를 위해 해야 하는 게 무엇일까요? 두려움이 생겼다면 인정하고 받아들이는 거예요. 어떻게든 두려움을 벗어나려고만 하지 마시고요. 두려움을 맞닥뜨렸을 때 어떻게 대처할지, 두려움에 대항하는 그 모습만 생각하고 계속 자신을 바꿔 나가셨으면 좋겠어요. 저는 매일 매일 감사하며 살고 있습니다. 어릴 때 감히 상상하지 못했던 직업도 갖고 잘살고 있습니다. 부정적이었고 자존감 마이너스라고 해도 과언이 아닐 정도로 여렸던 종환이는 지금 메가스터디 온라인에서 여러분께 심리를 강의하고 상담하고 있습니다.

미래는 어떻게 될지 모릅니다. 미래는 현재라는 오늘 하루 지금 상황에 의해 바뀌기 시작합니다.

언제까지 피하고 언제까지 스스로 질책하면서 하루를 보내겠어요? 아니면 어떻게든 두 번 다시 이런 상황이 오지 않도록 자신을 좋은 쪽으로 끌고 가겠습니까? 선택은 여러분한테 달려 있습니다. 어느 책 제목이 『나는 희망의 증거가 되고 싶다』였습니다. 누군가의 희망에 대한 증거가 되고 싶다면 한번 도전해 보십시오. 힘든 일이 있었죠? 그러면 어느 정도 경험을 쌓으신 거예요. 이제 그것을 헤쳐 나가는 여러분은, 인생의 굉장한 스토리를 만들고 있는 겁니다.

나를 상하게 하는 감정으로, 나를 싫어하는 마음으로 자신의 미래를

함부로 평가하지 마세요.

두려움이 생겼다면 인정하고 받아들이세요.

어떻게든 두려움을 벗어나려고만 하지 마시고요.

# 셋째 주
# 한 단계 한 단계, 차분하게 생각하는 수업

## 시간 중심, 시간 중심!

시간에 대해서 딱 정해놨을 때는 그 시간 안에 가려는 하나의 욕구가 생깁니다

이 장에서는 완벽함에 대해 이야기하며 시작해 보겠습니다. 완벽은 기본적으로 계획적인 특성이 있고요. 그다음은 일관성이 뚜렷합니다. MBTI의 성향으로 보면 SJ가 있는 학생들이 계획에서 완벽함을 보이는 경우가 많은데 그 SJ 성향이 붙은 학생들한테 이런 질문을 해요. "혹시 너 햄버거 좋아하니?"라고 물어보면 "좋아합니다"라고 답해요. 그리고 혼자 햄버거 먹으러 갈 때 버거킹, 롯

데리아, 맥도날드, 맘스터치 중에서 주로 어디 가는지 하면 "맥도날드만요!"라고 자신의 취향을 뚜렷이 말하죠. 더불어 맥도날드 가면 '빅맥'만 먹는다고 확실히 말합니다. 마지막으로 물어봅니다. "그런데 맥도날드가 문을 닫았다면?" 이렇게 묻는 거죠. 그러면 "그냥 집에 가요!"라고 단호하게 답합니다.

일관성이 굉장히 강해 보이죠? 이 친구들은 계획적이에요. 목표가 완벽히 정해지게 되면 어떠한 외부 개입, 어떠한 변수조차도 이 친구들을 막아낼 수 없지요. 하지만 목표가 사라지게 되면 엄청난 방황을 하는 게 바로 SJ 성향을 지닌 친구들입니다. 이 SJ 성향 같은 경우는 계획을 잡았는데 시간이 미뤄지거나 변수가 생기면 스트레스를 받아 잘하지 못하게 되는 경우가 발생하거든요. 어찌 보면 무슨 일이든 완벽히 실행하고자 하는 특징으로 보이는 것 중 하나라고 볼 수 있죠.

어떤 학생들이 저한테 "선생님, 계획을 마무리 못 하면 엄청난 스트레스를 받는데 어떻게 하면 스트레스 안 받습니까?"라고 묻습니다. 안타깝지만 그런 방법은 없습니다. 상황이 벌어졌는데 어떻게 바꿔요? 스트레스 자체에 대해서 신경 쓰지 말고, 그 전을 보면 돼요. 어디서부터가 문제입니까? 바로 계획이에요.

계획을 작성하는 기술이 있거든요. 먼저 한 타임의 계획보다 하루의 계획을 완벽히 하려는 포인트가 중요합니다. 여러분이 밤 11시까지 공부를 한다고 계획을 잡았죠? 그러면 10시부터 11시까지 1시간, 아니면 9시부터 11시까지 충분하게 2시간 정도 공백을 뒀으면 좋겠습니다. 계획에서 잘 이루어지지 않는 거 있잖아요. 그 공백 시간에 못다 한 부분을 찾아 보충하면 웬만해서는 다 끝낼 수 있다는 거예요. 그러면 스트레스가 없어지겠죠? 스트레스가 없어지면 다음 날도 어떠한 스트레스 없이 잘할 수 있게 돼요. 무리한 계획 때문에 못 하고 그러면 어느 순간부터는 깊은 좌절감에 빠질 수밖에 없어요.

하나가 더 있어요. 오전 10시부터 11시까지 어떤 문제집을 12부터 19페이지까지 풀기로 했잖아요. 시간이 11시가 되어 '땡!'하고 끝났는데도 겨우 여러분이 15페이지 풀고 있다면 어떻게 해야 합니까? 바로 끝내야 합니까? 아니면 시간을 연장해서 계획을 완수해야 하나요? 여러분의 습관은 대부분 19페이지까지 끝내야 하는 성과 중심에 맞춰져 있을 겁니다.

심리 선생인 저는 시간이 끝났으면 무조건 종료하라고 합니다. 시간 중심이 되지 않고 성과 중심으로 한다면 그것이 습관이 되어 익숙해져 버려요. 여러분이 시험 칠 때 한 문제, 한 문제 일일이 생각하고 판단해서 시험 문제를 풉니까? 아니면 문제를 풀어왔던 습관대로 풉니까? 습관이죠? 수학 문제 3번 문항에 여러분은 1분 50초 정도의 시간으로 풀어왔어요. 그런데 이 문제를 풀다 보니 이미 1분 50초가 지났어요. 어떻게 해야 하죠?

습관을 잡을 때, 시간 중심이 아니라 성과 중심으로 하게 되면 1분 50초가 지나도 멈추지 못해서, 결국 4분, 5분, 6분이 지나가게 되지요. 그러면 효율을 위해서는 어떻게 해야 할까요? 시간 중심에 맞춰 하라는 말입니다.

시간 중심으로 하면서 못 한 거 있죠? 아까 말했던 공강 시간에 그 모자란 걸 하면 됩니다. 같은 경우가 있으면 시간 안에 하려고 하게 되어 그 습관을 몸으로 체득하게 됩니다.

밤늦게까지 공부하는 학생들의 경우는 이런 예를 들 수 있습니다. 기숙학원 학생들에게는 심야 자율학습이 있어요. 11시 반에 학원 일정이 끝나고 12시까지 점호하지요. 12시부터 새벽 1시 반까지 심야 자율학습을 하는데 저는 심야 자율학습을 반대하는 편에 가깝습니다. 그 이유는 학생들이 1시간 반을 더 공부하겠다는 생각이지만 그 안을 잘 살펴보면 다른 학생들보다 더 공부한다는 만족감에 취할 때가 많기 때문입니다. 그래서 학생들이 11시 반에 끝낼 것을 새벽 1시 반에 끝내는 거죠. 성취감, 만족감, 착각이죠.

그 착각이 무서운 게 뭔 줄 아세요? '나는 남들 잘 때 공부했다! 한 달 내내 그렇게 공부했다!' 자연스럽게 모의고사에 대한 기대치가 높아져요. 그런데 어떻게 되나요? 점수가 잘 안 나오죠. 점수만 안 나온 게 아니에요. 기분과 의욕이 마이너스 상태가 되고 짜증 나죠. 옆에 친구를 봐요. 걔는 맨날 잘 시간엔 잘 자요. 그런데도 나보다 더 성적이 훨씬 잘 나왔거든요. 그 친구와 비교하며 '내가 얼마나 못났는지'를 확인합니다. '나는 머리가 안 좋나 봐!' '그래! 나는 산만해.' 이제 자신을 괴롭히기까지 하죠. 이런 상황에 다다르지 않기 위해 여러분은 시간을 우선순위로 했으면 좋겠어요. 이것만 잘 지키면 계획표에 대해서 스트레스는 거의 없고 좋은 성과를 거둘 수 있다고 확신합니다.

성과 중심이 아닌 시간 중심으로 습관을 만드세요.

스트레스 받는 환경을 없애려 하기보다 계획을 잡아

여유 있는 공부를 해야 합니다.

## 의존 말고 의지하기

많은 사람들이 문제가 발생하면 해결방법을 찾기보다는 자기 비난을 하는 데 시간을 더 많이 씁니다. 앞으로 살펴보겠지만요. 하지만 대부분 나에 대한 사용 설명서를 잘 모르기 때문에 자기 비난을 하는 거예요.

먼저 '의존'과 '의지'에 대해 얘기하겠습니다. '의존'은 나라는 기준이 없는 상태에서 100% 타인에게 나를 전적으로 맡기는 것이에요. 사람들은 '의존'을 좋아하진 않아요. '의지'는 내가 중심에서 있으면서 상대방에게 도와달라고 하는 것! 그게 '의지'입니다.

예를 들어볼까요? 제가 교무실에 앉아 있으면 학생들이 선생님들에게 질문하러 자주 오는 것을 보게 됩니다.

"선생님, 이 문제 어려워요. 좀 풀어주세요."

선생님이 친절하게 문제를 풀어주면 학생들 표정이 "맞아요! 맞아요"라고 하는데 나중에 교실로 돌아가서 그 문제를 내가 다시 풀려고 하면 그 학생들은 잘 몰라요. 이 학생들은 '의존'을 했던 거예요. 하지만 의지하는 학생들은 "선생님 제가 이렇게 풀었는데 답이 저는 x값이 2가 나왔거든요. 답은 3인데 과정에서 뭐가 틀렸죠?" 선생님의 풀이 과정을 보다가 "이 부분을 못 했구나"하는 모습입니다. 이런 모습이 의지입니다. 내가 중심에 서 있잖아요. 결국 이 학생들은 문제 풀이 능력이 더 증가할 수밖에 없다는 거죠. 여러분은 의존이 아닌 의지를 했으면 좋겠어요.

의존이 너무 많아요. 특히 돈에 의존하지 마세요. 이런 학생이 있었어요.

"선생님, 노래를 하고 싶은데 부모님이 하지 말라고 해서 노래를 못하고 있습니다."

"노래 하면 되지"라고 말했습니다.

"부모님이 노래를 연습할 수 있는 연습실도 제공 안 해주시고 노래 배워야 하는데 가르쳐 줄 수 있는 선생님도 안 구해줘요. 돈이 없어서 노래 공부를 못 하고 있어요."

의존이에요? 의지예요? 의존이지요. 다음으로 사랑하는 두 사람의 경우를 볼까요? 상대편의 부모님을 뵈러 갔어요. 그런데 부모님이 "얘랑 결혼하지 마!"라며 헤어지라고 했는데 나오자마자 상대방이 "부모님이 너랑 헤어지래. 헤어져"라고 선언하면 이게 사랑이에요? 아니죠? 누가 뭐라 하던지 그걸 지키려는 힘! 그게 진짜 사랑이잖아요. 자신이 가지고 있는 꿈, 자신이 가지고 있는 목표가 있으면 의지로 해결하는 것이지, 의존으로 해결하는 게 아니라는 거예요. 의존으로 배울 수 있는 건 거의 없어요.

또 어느 학생이 저한테 왔어요. "선생님 전 의사가 되고 싶습니다"라고 말하죠. 하지만 저는 의사가 되겠다는 친구가 왔을 때는 "상담 받지 말고 그냥 나가라"고 해요. 첫 번째, 제가 사기꾼이 되기 싫어서입니다.

두 번째는 진정으로 필요한 상담은 현직 의사에게 상담받는 게 좋을까요? 아니면 의대 근처도 안 가본 제가 상담을 하는 게 좋을까요? 당연히 현직 의사지요. "선생님 제가 의사 아는 분이 없어요"하는 건 스스로 포기하겠다는 소리일 뿐이에요. 동네 병원 많죠? 이비인후과, 치과, 내과 …많잖아요. 그곳으로 가세요. 접수할 때 어디가 아파서 왔냐고 물으면 그냥 아파서 왔다고 그 말만 하세요. 그리고 의사 선생님이 진료할 때 말해보면 되잖아요.

"선생님, 사실은 마음이 아파서 왔습니다."

"마음이요? 신경정신과로 가셔야 하지 않아요?"

"아~ 그게 아니라 의사가 되고 싶은데 전혀 모르고, 의사가 되는 과정도 잘 모르겠어요."

아마, 의사 선생님이 보기에 그 학생이 예뻐서 상담해 주실 거예요. 현직 의사한테 받는 상담이에요. 의사 근처도 가보지 못했던 저한테 상담받으면 꽤 높은 금액이 들어가는데, 현직 의사한테 훨씬 좋은 상담을 받았을 때는 상담료가 얼마일 거 같아요? 의료보험 공제돼서 3천 원에서 4천 원이면 될 겁니다.

이것이 바로 의지, 동기로 보면 적극적 동기입니다. 내가 주체가 돼서 적극적으로 하려는 의지! 적극적 동기는 오래 갑니다. 소멸하지 않습니다. 의존성이 강한 소극적 동기는 그냥 '가만히 앉아서 알아서 해주겠지'라는 생각이 가득하게 합니다, 오래가지 못하고 항상 핑계가 생깁니다. 어떤 일을 마무리하는 성질이 나오지 않죠.

A, B란 볼펜이 있어요. 둘 다 10만 원이에요. A라는 펜은 여러분이 갖고 싶었던 펜이라서 여러분이 알바로 돈을 모아서 샀어요. B라는 펜은 그냥 어쩌다가 얻었어요. 어느 편이 더 오래 갈까요? 여러분의 적극적인 동기가 함께했고 의지도 했던 바로 그 펜이 훨씬 더 오래 간다는 사실을 기억합시다. 자신의 꿈도 마찬가지예요.

## 의지 + 力 = 의지력

다른 것에 의존하지 마십시오. 스스로 힘을 키우십시오. 소극적 동기는 오래가지 못합니다. 왜? 없어도 그만이니까. 그런데 적극적 동기는 내가 지금 행동이라는 실천을 통해서 투자했기 때문에 투자한 것을 아까워하며 못 놓칩니다. 아까워서 못 놓치고 스스로에 의지하다 보면 어느 순간 의지력이 생기면서 어떤 일에 대해 어떻게든 되게 하는 방식을 머릿속에 고민합니다.

이 단순한 성격의 차이가 여러분의 모든 결과를 다르게 만든다는 사실, 꼭 명심하세요. 앞으로 가만히 앉아서 바라만 보지 마시고요. 적극적인 동기를 통해서 행동으로 실천하는 그런 여러분이 된다면 원하는 결과에 더욱 가깝게 다가간다고 저는 강하게 이야기합니다.

두줄요약

다른 것에 의존하지 마십시오. 스스로 힘을 키우십시오.
내가 주체가 돼서 적극적으로 하려는 의지! 적극적 동기는 오래 갑니다.
소멸하지 않습니다.

# 넷째 주
# 자신감을 주는 수업

## 꾸준히 준비하다 보면, 어느 날 갑자기 꿈과 사랑은 이루어진다

저는 여러분이 일정한 감정으로 마지막까지 공부하기를 원합니다. 감정은 원래 일관성이 없기 때문에 오늘 다르고 내일 다르잖아요. 이 책을 활용하여 학생 여러분이 자신의 감정을 일관성 있게 유지해 나가길 진심으로 바랍니다.

　조심스러운 점은 사람은 가지고 있는 가치관에 따라서 상황 인식이 다르다는 것입니다. 똑같은 상황을 보더라도 누구는 '아'하고 누구는 '어'라고 얘기하잖아요. 이 심리 수업이 자신에게 맞을 수도 있고 안 맞을 수도 있습니다. 무조건적인 정답이 아니라는 거죠. 이 부분을 다시 한번 말씀드립니다.

## 꿈과 사랑은 갑자기 훅하고 오기 때문에

'꿈과 사랑의 시작은 동일하다'라는 이야기를 해 보려고 합니다. 저는 심리적인 요인으로 고민이 있는 학생들과 꾸준히 상담하고 있어요. 어느 날 한 학생이 한숨을 쉬며 이런 이야기를 했습니다.

"선생님, 저는 동기부여가 되지 않습니다. 저는 분명한 동기부여를 해야만 공부도 잘할 수 있다고 믿어요. 저는 동기부여를 하지 못해 잘 안 됩니다. 꿈도 없습니다. 다른 친구들은 판사, 변호사, 의사 되겠다는 화려한 꿈이 있는데 저는 그런 꿈도 없거든요. 그래서 그런지 공부가 안 됩니다."

여러분, '꿈과 사랑의 시작은 동일하다'의 '동일'이 무엇일까요? 의사가 되려는 꿈을 꾼다고 해서 갑자기 의사가 되고 싶은 마음이 생기지는 않아요. 사랑도 마찬가지입니다. 사랑을 하겠다고 해서 사랑하는 마음이 생기지는 않죠? 꿈과 사랑은 언제, 어디서, 어떻게 훅!하고 들어올지는 알 수 없습니다. 누구는 40살에 올 수도 있고 누구는 50살에도 올 수 있고요. 서로 다르지요.

18살, 19살, 20살인데 아직도 꿈이 없다고 얘기하는 것은 여러분이 그만큼 뭔가에 늦었다고 말하는 겁니다. 여러분이 늦는다고 말하거나 들으면 어떤 마음이 생깁니까? 성급함이 생기죠. 그다음

엔 어떤 마음이 생깁니까? 남들보다 뒤처지고 있다는 느낌! 맞습니다. 좋지 못한 감정인 열등감이 나타나요. 그런데 제 생각엔 '늦었다'는 표현은 진짜 늦었다기보다는 이제까지 어떤 것을 시작하지 않은 자신에 대한 핑계이지만 '앞으로도 꿈을 갖지 않겠다'라는 나쁜 의미로 쓰인 게 더 맞는 것 같습니다.

우리의 꿈이 남들처럼 화려한 꿈일 필요는 없어요. 나의 현재 성적에서 이 정도의 성적만을 올리겠다는 작은 꿈도 하나의 꿈이 될 수 있어요. 꿈은 언제 올 줄 모르고 사랑도 언제 올지 모르기 때문에 항상 준비해야 합니다. 고등학교 3학년 6월 어느 날에 갑자기 의사가 되고 싶을 수도 있잖아요. 이럴 때는 미리 준비를 한 사람과 준비하지 않은 사람으로 나뉩니다. 내 꿈을 위해서 준비했던 사람은 그 꿈을 실현할 가능성이 크고, 꿈이 없어서, 어떤 동기도 없기 때문에, 난 아무것도 할 수 없었다고 했다면 진짜 꿈이 찾아왔을 때 실현 가능성은 낮아집니다.

## 내가 지금 꿈과 목표가 없다고 해서 실망하지 마시고요

여러분이 공부하는 이유가 무엇이죠? 혹시 생각해 보셨습니까? 저는 시간을 갖고 자신에 대해 성찰하고 깊이 판단해 보는 게 필요하다고 생각합니다. 한 번쯤은 하루 종일 왜 내가 이렇게 공부를 하고 좋은 대학에 가서 무엇을 할지 생각해 봤으면 해요. 특히 지금 가고 싶은 대학이 어디인지 진지하게 생각해야 합니다. 무엇보다 나의 대학 생활은 어떻게 해야 할지, 또 어떤 삶을 살고 싶은지 등등 질문을 던져보세요! 이런 것이 진정한 동기부여의 시작입니다.

내가 지금 꿈과 목표가 없다고 해서 실망할 필요는 없어요. 작은 단계부터 준비했으면 좋겠습니다. 여기 산이 있습니다. 1번 팻말이 등산로 입구, 2번이 중턱, 3번이 산 정상이에요. 여러분이 1번 그 입구에 들어섰을 때 무슨 생각을 하죠? '올라갈까 말까?' '얼른 올라가 보자' '재미있겠다' 등의 등 들뜬 기분을 안고 올라가게 됩니다. 그런데 위치에 따라서 여러분의 생각이 완전히 달라지는 거 아시죠? 자신의 위치에 따라서 바라보는 시선과 생각이 달라지는 거예요. 아래서는 오로지 올라가는 길만 생각하고 시작합니다. 그러나 중턱에 갔을 때는 육체적으로 힘들어져 이때부터는 '올라갈까 내려갈까'라는 고민에 빠지기 시작하죠.

여기서부터 선택입니다. 그다음에 마지막 3번에 올라갔을 때 사람들은 보통 무슨 생각을 할까요? '다음번에는 어떤 산으로 갈까' '와! 올라오길 잘했다!' 등이 있겠죠. 이렇게 위치에 따라서 자신의 생각, 판단, 모든 것이 완벽히 달라진다는 얘기입니다.

내가 지금 3등급이라면 바로 앞에 있는 2등급이 꿈이 될 수 있어요. 하나하나 차분히 준비한다면 어느 날 갑자기 꿈과 또는 사랑이 훅 하고 들어왔을 때, 그것을 모두 포용할 수 있는 진정한 능력자가 되지 않을까 합니다. '인싸'가 별거 아니잖아요.

## 내 성향을 잘 이해한다면, 나는 더 발전할 수 있을 것이다

이 장에서는 앞에서 이야기했던 MBTI 중 N 성향에 대해서 설명하고자 합니다. 학습할 때 하나에 집중해서 하면 좋잖아요. 그런데 N 성향 친구들은 자신이 산만하다 표현을 많이 하는 편이죠? 그런데 일단 자신이 가지고 있는 성격을 제대로만 이해하면 좋겠습니다.

보통 N의 반대가 S거든요. S는 보통 오감을 사용한다고 그럽니다. 시각, 청각, 후각 등 오감을 사용한다고 그러거든요. N도 사람이기 때문에 오감은 있겠죠? 그런데 오감만을 사용하는 게 아니라 오감에 더하기 하나가 있어요. 상상력이죠! N들이 가장 많이 갖고 있는 것 중 하나가 잡생각이 많다는 겁니다.

이러한 특징 때문에 어떤 N형 학생들은 시험 칠 때 첫 번째 고르는 번호가 정답일 확률이 큰데 이런저런 생각을 하며 답을 바꾸고 해서 틀리게 되죠. 예를 들어 모의고사 출제위원회에서 학생들

에게 점수 주려고 아주 쉽게 내주는 문제가 있어요. 그런데 N들은
요 '너무 쉽게 나왔어. 분명히 함정이 있을 거야!'라고 생각해서 맞
게 쓴 정답을 쓸데없이 고쳐 틀리는 경우가 생기게 됩니다. 그때
의 안타까움을 아시죠? 한 번 더 생각하는 상상 때문에 답을 틀리
는 일들이 있으니 그런 걸 좀만 억누르면 좋겠습니다.

두 번째 특징은 N들은 한 시간에 한 과목만 공부했으면 좋겠습
니다. N들은 국어 공부를 하다 영어가 땡기고 영어 공부하다 보면
수학이 땡기는, 이런 특징을 가지고 있어요. 이렇게 공부하면 어쩌
면 마구잡이 비슷하다 보니 마지막에는 무엇을 공부했는지 기억
을 못 하기도 합니다. 한 타임에 한 과목! 완성하는 게 중요하다는
걸 연습하며 인식해 보세요.

## 내가 내 성향을 제대로 몰랐기 때문에 전환시킬 수 있는 기술은 몰랐을 뿐

세 번째는 잡생각이 많아요. 잡생각이 많으면 산만하거나 집중
력이 부족하다는 의미잖아요. 자신이 하는 잡생각은 어떤 스타일
일까요? 자신도 모르게 잡생각을 습관 형태로 만들었다는 사실
을 인지했으면 좋겠어요. N들 같은 경우는 재미있어요. 'ㅁ', 'ㅇ',
'ㅂ', 'ㅎ'을 보여주면 이 친구들은 그것을 그 형태로 가만히 놔두
지 않아요. 변형하는 걸 좋아하기 때문에 아마 'ㅁ', 'ㅇ', 'ㅂ', 'ㅎ'으
로 나아가서 자동차를 좋아하는 남학생 경우는 '마이바흐' 차까지
생각했을 수 있을 거예요. 그렇죠?

상상력으로 계속 변형되는 걸 좋아하죠? 그래서 하나에 집중하기보다는 계속 변형하죠. 그럼 내가 공부를 효율적으로 진행하려면 어떻게 해야 할까요? 이제부터는 변형시키기보다는 원래 상태를 그냥 놔두는 훈련을 해 보세요. 그러면 잡생각은 현저히 줄어들 수 있어요.

네 번째입니다. 수학 과목을 예로 들겠습니다. 수학 선생님이 칠판에 필기하는 스타일을 보면 정말 깔끔하게 잘하잖아요. N들은 선생님처럼 깔끔하지 않고 중구난방식으로 문제 풀이 하는 경우가 많아요. 그 와중에 자잘한 실수를 하게 되죠. 그래서 N들이 문제 풀이할 때는 문제 풀이와 수를 깔끔하게 나열해 가면서 진행하면 불필요한 실수는 반드시 줄어들 겁니다.

국어 시험에서 N에 해당하는 친구들에게 "시험 잘 친 것 같니?"라고 물어보면 "네, 시험 잘 친 거 같아요"라고 대답합니다. 그런데 아쉽게도 점수는 생각하는 만큼 잘 나오지 않거든요. 그 큰 이유가 글을 꼼꼼하게 읽기보다는 대충 읽기 때문이에요. 그러다 보니 대개 시험 출제자 의도를 파악하여 답을 찾기보다 내 의도로만 파악해 답을 찾는 경우가 많습니다. 점수가 잘 나오는 것처럼 예상돼도 실제 결과는 결코 만족스럽지 못해요. 그래서 N들 같은 경우는 책을 꼼꼼하게 읽는 연습을 평소에 해야 하고, 본문 글에서 나만의 생각으로 추론하면 안 된다는 것! 꼭 명심했으면 좋겠습니다.

간단하게 다시 정리하겠습니다.

첫 번째는 처음 생각하는 답이 대부분 정답이다.

두 번째는 한 시간에 한 과목만 공부하는 습관을 들여라.

세 번째, 잡생각을 하지 마라. 잡생각을 하지 않기 위해서는 무엇인가를 변형시키는 작업을 하지 말라.

네 번째는 정리하며 풀어라. 수학 같은 경우는 문제 풀이 해석을 깔끔하고 체계적으로 정리해야 불필요한 실수를 줄일 수 있다.

마지막으로 국어는 문장을 꼼꼼하게 읽는 연습을 해라

그동안 내 성향을 제대로 몰라서, 그것을 전환할 수 있는 기술은 몰랐을 뿐, 이것은 더 이상 문제가 아니라는 점 꼭 명심하시길 바랍니다.

내 성향을 제대로 잘 알아야 합니다.

내 성향을 전환할 수 있는 기술 습득이 필요해요.

# 6월

# 지금, 나는 더 잘할 수 있다

100

# 첫째 주
# 지쳤을지도 모를 마음, 다지는 수업

## 수험생으로

이 책의 6월 첫째 주 주제는 '버티는 것'입니다. 공부하는 학생들에게 '버티는 것'이 얼마나 중요한지 강조할 필요도 없겠지요.

저는 경남 통영이 고향이에요. 군대 가기 전날이었어요. 특전사 훈련소는 경기도 광주라서 하루 일찍 가야 했지요. 아침에 준비하고 나가려고 하는데 어머니가 아침 드라마를 보고 계시더라고요.

"엄마 나 군대 가요."

어머니께서는 드라마에 너무 집중해서인지 "어, 어. 그래 잘 갔다 와." 그 말만 하시고 아버지는 볼 수도 없었어요. 사실, 그 전날에 아버지가 술에 좀 취해 들어오시더니 저한테 앉으라고 하며 한마디 하셨어요.

"마, 잘할 수 있겠나? 말하는 거 봐라, 이 자식! 니, 그래 가지고 버티겠나? 잘 들어. 내가 니한테 해줄 수 있는 말 이것밖에 없는데, 니 이름 김종환, 그거 있잖아? 버리고 거기 들어가는 순간에 스스로 개! 개새끼라고 해라!"

그게 끝이었어요. 어이없었던 게 뭔지 아세요? 저는 외아들이에요. 저 혼자밖에 없어요. 주위에서 본 외아들은 다들 금이야 옥이야 고이 키우거든요. 저는 금은 고사하고 광물도 아닌 그냥 밖에 내놓은 자식 같았어요. 나름 강하게 키운다는 명목 아니었나 싶은데 저는 그 방식을 조금도 이해하지 못했죠. '아니! 사랑하는 아들이 군대 간다는데. 그것도 일반 군대도 아니고 그 힘들다는 데 간다는데. 개새끼가 뭐지? 아들이 개새끼면 아빠는 뭔데?'라고 생각할 정도로 불만스러웠어요.

그러면서 특수교육단에 갔습니다. TV 프로그램 같은 데에서 보셔서 짐작할 수 있겠지만 특수부대 훈련이 결코 쉬운 게 아니잖아요. 한 번도 경험해 보지 못한 훈련! 처음으로 겪는 근육이 뒤틀리는 통증! 그 고통을 풀 시간조차 주지 않은 채 더 혹독해지는 훈련! 힘들어서 미칠 정도였어요. 하지만 매일 똑같은 것을 하지 않으면 안 되었죠.

제가 정신력이 있어서 버틴 게 아니에요. 저한테 그런 인내, 끈기는 없어요. 단지 버틸 수 있었던 건 딱 하나였습니다. 아버지의 말이 적중했을 뿐이에요. 그곳에 들어갔을 때 아버지 말대로 제 이름을 버렸거든요.

제 이름을 스스로 개새끼라고 생각했어요. 잘 들어보세요. 그것이 얼마나 중요한지 아십니까? 어떤 누군가 나한테 함부로 하고 이리 오라고 하면 기분 좋아요? 나빠요? 나쁘잖아요. 네가 나한테 이런다고 해서 내가 가야 해? 말아야 해? 가는 게 미친 거 아니야? 라며 기분 나쁘고 화날 수 있잖아요. 그런데 있죠. 개는 그냥 가요. 생각 같은 건 안 해요. 그냥 꼬리 흔들면서 가는 거예요. 자기가 밥 먹고 싶을 때 먹는 거 아니에요. 밥 줄 때 먹는 거예요. 어찌 보면 저는 완벽히 아버지의 조언 아닌 조언대로 했었던 것 같아요. 개처럼 생각했죠. 그래서 참을 수 있었어요.

## 사람은 위치에 따라서 생각이 달라집니다

제가 왜 이런 이야기를 할까요? 여러분은 공부해야 하는 학생이라는 위치를 인지시키고 싶어서요. 여러분도 가끔 학생이 아니라는 생각을 하잖아요. '내가 이걸 왜 해야 해? 짜증 나.' '참아가면서 꼭 해야 하나?'라고 생각하시죠? 이것이 심리적 저항이에요. 진짜 힘든 것은 육체적 고통보다 이 심리적 저항입니다. 이런 저항 앞에서 여러분이 지금 어떤 위치인지 생각했으면 좋겠어요.

공부를 해야만 하는 학생이라는 위치를 완벽히 인지하고 자극하는 순간, 여러분은 힘들 때 그 위치를 스스로 인정하고 순응하며 열심히 공부해야 하는 이유를 찾게 돼요. 그렇지 않으면 계속 저항하며 결국에는 포기하게 되는 것이죠.

특히!! 3학년 여러분, 재수생 여러분 왜 공부합니까? 여러분은 완벽한 수험생입니다. '그래! 나는 재수생이야!' '나는 고3 수험생이야!'라고 인정하면 좋겠습니다. 그러면 현재의 고통을 받아들여 수험 생활에 더 잘 집중할 수 있어요. 훨씬 더 좋은 기분으로 수능시험 보는 마지막까지 잘 해낼 수 있을 겁니다. '견장 효과' 아시죠? 아무것도 아닌 사람이라도 아무리 내향적인 사람이라고 할지라도 '견장' 하나 채워주면 그 견장에 맞게 행동하게 돼 있어요.

사람은 위치에 따라 생각이 달라집니다. 세상과 현실을 바라보는 틀이 분명히 바뀌어요. 여러분은 그 틀을 바꾸어야 합니다.

끈기, 성실함, 인내와 같은 정신력만이 아니라 '개새끼'라고 스스로 말했던 저의 경험처럼 현실을 인정하고 받아들이면 수험생활에 집중해 더 좋은 성과를 이룬다는 점을 말씀드립니다.

여러분이 지금 어떤 위치인지 생각했으면 좋겠어요.
수험생이라는 위치를 완벽히 인지하고 자극하는 순간, 열심히 공부해야 하는 이유를 찾게 돼요.

# 지금, 내가 해야 하는 것으로

저는 학생들과 상담하면서 학생이 어떠한 성향을 가지고 있느냐에 답이 다를 수 있다고 꼭 이야기합니다. 이 장에서 이야기할 것은 최진우(가명)라는 친구가 찾아와 저에게 털어놓은 이야기입니다.

"선생님, 저는 지금까지 아무 생각 없이 공부하다가 요즘 이런 생각이 듭니다. 나는 무엇을 목표로 공부하고 있고, 또 무슨 과를 진학하고, 미래에 무슨 직업을 택할지를 잘 모르겠습니다. 그렇지만 지금은 그 고민에 대해 깊이 생각할 시간이 없는 것 같습니다. 막연하게 하루하루 공부하고는 있는데 이게 맞는 건지요? 또 이 문제에 대해 어떻게 풀어내야 효율적인지를 모르겠습니다."

이 학생의 질문은 누구나 가지고 있는 고민이에요. 지금 한국에는 약 50만 명이 조금 넘는 수험생들이 있어요. 그런데 현장에서 상담해 보면 거의 절반 이상의 학생들이 어느 대학, 어느 학과, 어떤 진로를 원하는지 전혀 모르는 상태예요.

그렇다고 나머지 50%가 무조건 자신의 진로와 희망에 대해 아는 것도 아니에요. "너 어느 대학을 원해?"라고 물으면 "연세대학교요" "서울대학교요"라고 말하죠. "연세대가 왜 좋아?"라고 다시 물으면 "건물이 예쁘잖아요"라고 이야기해요. 하지만 예쁜 건물이 우리 목표가 아니잖아요! 결론은 잘 모른다는 말입니다. 분명히 동기부여와 꿈이 있으면 좋겠어요. 목표 설정이 없을 수도 있지만, 그게 없다고 해서 가만히 있는 건 좋은 생각이라고 말할 수 없습니다. 자신의 목표를 찾으려고 고민하고 움직였을 때 성공을 찾을 수 있어요.

예전에 어느 학생이 정말 모 대학교에 가고 싶어서 몰래 청강을 했어요. 그 청강이라는 행동이 동기부여가 되어 나중에 그 대학으로 진학해 추후 모교의 교수까지 되었다고 하더라고요. 앞에서 들은 예지만, 먹어본 사람과 소고기를 먹어보지 않고 맛있다는 이야기만 들은 사람이 있어요. 나중에 소고기 먹을 확률은 소고기를 실제로 먹어보고 "우와! 맛있다"고 한 사람이 다시 먹을 확률이 더 높습니다.

가만히 앉아서 동기부여를 찾으면 이룰 수 있는 건 아무것도 없습니다. 드라마나 영화만 보다가 의사가 좋아 보여서, '우와! 나도 저렇게 해야지' 생각하고 행동하려 하지만 그건 일시적인 동기부여밖에 되지 않습니다.

강한 동기부여가 되려면 실제로 의사를 만나봐야 해요. 아니면 지인이 아팠는데 어느 의사 때문에 놀라운 변화를 일으킨 사례가 있고 자신의 삶에 영향을 미쳤다면 분명히 동기부여가 될 겁니다. 고민하지 마세요. 검은색 선글라스를 쓰고 세상을 바라보면 무슨 색깔이에요? 검은색이죠? 노란색 선글라스를 쓰고 세상을 바라보면 노란색이죠? 현재 검은색 선글라스를 쓰고 있지만 막연히 세

상이 노랗게 보여주길 바라는 것. 이런 상황이 여러분이 가진 고민이라는 겁니다. 아직 많은 경험을 겪지 못한 상태에서 고민만 하면, 올바른 대답이 나올 가능성이 희박합니다. 이 책을 읽으며 이제는 과감히 '고민만 하면 안 되겠구나!' 선언해도 됩니다.

그렇다면 지금 어떻게 해야 할까요? 여러분 주위에 학교나 학원 선생님들, 또는 조언을 얻으면 좋을 것 같은 어른들이 많잖아요. 그분들이 여러분보다 훨씬 더 경험이 많으므로 여러 어른들에게 똑같은 질문을 한번 던져보고, 그중에 나에게 더 맞는 답변을 찾으면 됩니다.

그다음에는 바로 앞에 놓인 목표가 있으면, 그것을 먼저 실행하면 돼요. 사람은 어느 위치에 놓일 때마다 생각이 달라지고 다음 목표가 달라집니다. 여러분들, 현재 4등급 성적이면 3등급을 목표로 하고 그것만 보며 이루어 내세요. 그다음 2등급, 1등급으로 나아가면 됩니다. 이렇게 점점 목표치가 올라가고 실제로 그 성적에 오르면 생각도, 하고 싶은 일도 모두 구체적으로 만들어지기 시작합니다.

여행도 마찬가지예요. 어느 나라 가볼까? 어느 지역을 가볼까? 그렇게 추상적으로 생각하지 마시고요. 그냥 바로 앞에 동네 한 바퀴부터 돌아보십시오. 동네 안에서 맛있는 떡볶이집을 발견하면 다른 지역의 맛있는 떡볶이집도 찾기 시작하지요.

효율적인 고민의 방법, 그런 건 없어요! '아무리 해도 안 된다!' 이런 생각은 내려놓고 현재 해야 할 것에 집중하고 행동할 수 있는 방법을 알려준다면 그것이 바로 올바른 고민이에요.

가만히 앉아서 동기부여 찾으면 이룰 수 있는 게 없어요.

아무리 해도 안 된다는 생각은 내려놓고 현재 해야 할 것에 집중하고 행동할 수 있는 방법을 알려준다면 그것이 올바른 고민이에요.

# 둘째 주
# 힘겨워도 다시, 적응 수업

## 나를 사랑한다는 말부터

6월 둘째 주입니다. 더욱더 내면을 소중히 다듬고 준비해야 할 때
예요. 이쯤에서 저는 자존감에 관한 이야기를 하려 합니다. 자존감
이 높은 사람이 공부가 잘될 것 같아요? 아니면 자존감이 낮은 사
람이 공부가 잘될 것 같아요? 이제는 답을 아시죠? 자존감이 높아
야 좋습니다. 자존감은 어떻게 높일 수 있을까요? 학생들에게 자
존감의 중요성에 대해 앞에서 말씀드렸는데 너무 중요해서 한 번
더 알려드리려고 합니다.

## 이 모습도 내 모습이고 저 모습도 내 모습인데
## 우리는 좋을 때만 내 모습이래요

우리 마음에는 자신감이 있고 자존감이 있어요. 자신감은 자신을 믿는 마음이에요. 두려워하지 않고 도전해 나갈 수 있는 과정을 겪는다면 나중에 성취감을 느끼게 돼요. 자존감은 말 그대로 자신의 존재 이유예요. 저는 상담하면서 인생에 관해서 이야기하기도 해요. 살아야 하는 이유를 상담하면서 같이 고민하고 스스로 찾아보는 시간을 가져 보라고 하기도 해요.

저는 공부하는 친구들을 보면 먼저 항상 물어보는 게 있어요. "공부하는 학생들은 외모를 꾸미면 될까? 안 될까?"라는 것이죠. 대부분의 학생이 하나같이 꾸미면 안 된다고 조그만 소리로 대답하는데 저는 오히려 자신을 더 꾸미라고 말합니다. 잘 생각해 보세요. 어느 순간 거울에 비친 내 모습을 봤어요. 별로예요. 그런데 내가 어느 정도는 옷도 잘 입고 머리 스타일도 잘하고 다니죠. 어느 날 내가 너무나도 힘든데 우연히 거울을 봐요. '나 그래도 좀 괜찮네'라는 생각이 들면서 힘든 자신을 다시 끌어올려 버틸 수 있게 합니다. 사람은 힘든 상황에서 자신을 돌아보는 경우가 많을 겁니다. 그때 내 모습이 별로 좋지 않으면 기분이 어떨까요? 그것이 자존감과 밀접하게 관련됩니다.

공부하는 시간도 없는데 꾸미긴 뭘 꾸미냐고 하는 학생들은 잠시 생각해 보세요. 좋은 옷 입고 머리 세팅하고 다니란 이야기가 아닙니다. 어느 순간 내가 나를 봤을 때 나쁜 영향을 받지 않게 할 정도만 깔끔하게 생활하셨으면 좋겠습니다. 내게 영향을 미칠 부정적 요소를 최소화하는 거죠. 그러면 분명 자존감이 높아집니다.

이 모습도 내 모습이고 저 모습도 내 모습인데, 우리는 흔히 좋을 때만 내 모습이래요. 남에게 인정받고 남에게 칭찬받을 때만 내 모습이라고 착각하고 그렇지 않으면 내가 아니라고 거부하고는 합니다. 그런 거부감을 없애야 하죠.

성적이 잘 나오면 내가 맞고 잘 나오지 않으면 내가 아니다? 행복이라는 감정이 나오면 나고 슬픔이라는 감정이 나오면 내가 아니다? 이런 생각을 하는 게 과연 나를 사랑하는 게 맞을까요? 남에게는 사랑받으려 하면서 스스로 자신을 사랑해 보려고 노력은 해보셨습니까? 남에게 인정받으려고 하면서 나 스스로는 인정받으려고 하셨습니까?

앞에서 나온 예를 다시 한번 보겠습니다. 부모님을 도와주기 위해서 설거지하다 접시를 깼습니다. 엄마께 "너는 왜 안 하는 짓을 하니"라는 말을 듣고 싶어요? 아니면 "네가 안 다쳤으면 됐다. 도와줘서 고맙다!"라고 듣고 싶어요? 당연히 후자겠죠? 자신에게도 아끼는 말을 들려주세요. 왜 자기 자신이 무엇인가 실수하면 스스로 질책하고, 자책하고, 비난하면서 왜 남에게는 그런 말을 듣기 싫어하십니까? 자신부터 챙기십시오. 그리고 좋지 않은 말을 남에게 듣더라도 자기 자신을 좋은 감정으로 대해준다면 이것이 자존감을 지녔다고 생각할 수 있는 증거입니다.

앞에서 이야기한 것처럼, 자존감의 비밀을 알려드렸어요. 자존감을 높이려면 타인으로부터 자유로워야 해요. 자존감은 나를 사랑하는 마음이에요. 그런데 자존심이 센 사람은 보통 자존감이 약해요. 하지만 자존심을 잘 사용하는 사람은 자존감이 강해요. 자존심은 심리적 방어기제로 규정짓습니다. 타인으로부터 나를 다치지 않게 만드는 화, 분노, 짜증, 거짓말, 회피, 합리화 이런 것들입니다. 자존감이 낮은 사람들이 보이는 특징이에요.

공부할 때도 마찬가지예요. 공부하면서 많은 실패의 경험을 할수도 있어요. 실패할 때마다, 시험 성적이 안 좋을 때마다 스스로를 향해 뭐라고 얘기했나요. "괜찮아. 그래, 좀 더 열심히 하자!" 이렇게 달랬나요? 아니면 "너는 왜 그 모양이니? 맨날 해도 안 되고!" 과연 어떤 말을 했는지 잘 생각해 보십시오. 전자일 경우가 자존감이 더욱더 올라가서 행복해질 겁니다. 힘든 일을 할 때, 하루의 끝에서 한 번 더 자기를 사랑하는 말을 많이 해 주시기 바랍니다. 여러분 사랑합니다~

자존감은 나를 사랑하는 마음이에요.

한 번 더 자기를 사랑하는 말을 많이 해 주시기 바랍니다.

# 셋째 주
# 천천히 조금씩, 차분하게 생각하는 수업

## 6월 평가원 모의고사, 연습일 뿐

수험생 여러분들은 이제 조금 있으면 6월 평가원 모의고사예요. 6월 평가원 모의고사 같은 경우는 중요한 시험입니까? 중요하지 않은 시험입니까? 많은 분들이 정말 중요하다고 말하지만 저는 이렇게 말합니다. 중요하지 않아요. 뭐가 중요한데요. 이렇게 생각하면 돼요. 6월 평가원 모의고사 하나만 봤을 때는 중요한 시험이 맞겠지만, 본시험인 수능과 6월 평가원 모의고사를 비교한다면 이 모의고사가 더 중요합니까? 아니죠!

이즈음에는 6월 평가원 모의고사 때문에 상담을 많이 하거든요. 이때는 저도 멘탈에 영향을 많이 받습니다. 평균 하루에 스무 명 정도 상담을 하거든요. 그런데 많은 학생들이 6월 평가원 시험으로 인한 긴장, 불안, 실수에 관해 이야기합니다. 그러면 저는

"너는 연습을 실전같이 하는 거야? 아니면 연습을 연습같이 하는 거야?"라는 질문을 던집니다.

"실전같이 연습해야 합니다"라고 대부분이 말합니다. 그러면 또 물어봅니다.

"연습이라는 뜻이 뭐야?"

"연습요? 그냥 하는 거 아닌가요?"라고 답해요.

이 책을 읽는 분들도 이 말 한 번 마음속으로 따라 해 주십시오.

"연습은 연습같이 하자."

연습을 실전같이 하면 큰일 날 확률이 높아져요.

## 자신의 약점을 간파할 수 있는 그 순간이 연습이라는 거예요

앞에서 제가 6월 평가가 중요하지만 수능과 비교했을 때는 아니라고 이야기를 했습니다. 이 사실을 잘 생각하며 '연습을 실전같이 한다'라는 말을 잘 보자고요.

예를 들어 보겠습니다. 군대에서 군인들에게 연습을 실전같이 하라고 한 후, 공포탄으로 훈련해야 하는데 실탄을 지급합니다, 그 후에 어떻게 되겠어요? 군인들이 실전같이 전투를 했습니다. 다치거나 죽는 사람이 분명히 나올 겁니다. 그러면 전쟁이 터졌을 때

싸울 수 있는 군인들이 있을까요? 없을까요? 없다. 정답입니다,

　연습은 내가 가진 패턴, 실수, 현재 나의 상태를 확인하는 과정이거든요. 그렇기에 연습을 통해 나의 약점을 빨리 파악해 두라는 이야기입니다. 권투 경기에서 A라는 선수가 약 두 달 뒤에 B라는 선수와 맞붙게 됩니다. 일단 열심히 연습하겠죠? 여기서 중요한 게 있습니다. 바로 스파링입니다. B와 운동패턴이 비슷한 사람을 고용해서 A라는 선수가 이 선수와 연습하는 경기예요. 이 경기에서 이기는 방법에 집중해서 할 것 같아요? 아니면 B한테 맞설 방법을 찾는 것에 집중할까요? B가 오른손잡이라면? 왼손잡이라면? 아니면 발이 빠른 선수라면 어떻게 할지를 이 선수에 맞게끔 패턴을 바꿔나가는 겁니다.

　이렇게 B하고 맞서 싸우기 위해서 적응력을 높이고 자신의 약점을 간파할 수 있는 순간이 연습이라는 겁니다. 그 상황에서 단지 이기려만 한다면 여러분이 연습을 통해서 얻는 게 있을까요? 그래요. 없습니다.

　경험 자체는 중요하지 않아요. 경험이 중요한 게 아니라 여러분이 중요시해야 할 것은 '경험적 지식'이라는 것을 생각하고 있어야 합니다. 저는 오프라인 강연을 하면서 학생들한테 항상 물어보는 이야기가 있습니다.


"얘들아, 너희 중 가장 최근에 가족여행을 갔다 온 친구 있니?"

손을 든 한 친구에게 다시 물어봐요.

"언제 갔다 왔니?"

"10개월 전이요"

10개월 전에 여행을 갔다는 이야기는 오래된 것이 아닌 최근이라는 말이죠.

"어느 나라에 갔었니?" "어느어느 나라요."

"그 나라 갈 때 어떤 비행기를 타고 갔니?" "어떤 비행기요."

"그 비행기 1인당 가격은 얼마니?" "얼마였더라?"

"네가 처음에 공항 도착하고 난 다음에 숙소에 도착했을 거야. 숙소 이름은? 어느 레스토랑에 갔었니? 어떤 음식을 먹었니? 총 얼마를 결제했니?"

구체적으로 질문을 던졌을 때 정확하게 이야기했던 친구는 본 적이 없습니다. 이러한 질문을 듣고 어떤 아이는 "어떻게 그걸 기억해요?"라고 묻습니다. 하지만 성인 대상 강의에서 비슷한 질문을 하면 부모님들은 거의 정확히 대답합니다.

이것이 경험과 **경험적 지식**이에요. 경험이라고 함은 보통 목적이 없이 가는 경우를 의미합니다. 경험적 지식은 목표를 정하고 그 목표를 수행하기 위해 준비 과정을 거쳐 완성됩니다. 아이들은 '경험'을 한 것이고, 부모님들은 '경험적 지식'을 얻은 것이죠. 경험은 의존하는 경우가 많지만 경험적 지식은 자신의 준비에 의존

합니다. 아이들은 부모님께 의존하다 보니 여행 전에 준비 과정이 없죠. 부모님께서는 여행하기 위해 금전적인 부분과 시간에 대한 부분을 준비하시기에 기억도 세세히 할 수 있는 것입니다.

내비게이션도 마찬가지죠. 운전할 때 늘 내비게이션을 이용해 같은 길을 왔다 갔다 했다면 수십번을 다녀도 내비게이션 없이는 길을 잃을 확률이 높아요. 또 휴대폰도 그냥 이름만 얘기하면 알아서 전화번호를 찾아주죠. 예전에는 전화번호를 기억하는 사람이 많았으나 지금은 전화번호를 기억하지 못하는 사람이 많죠. 휴대폰에 의존했느냐 아니면 나에게 의존했느냐에 따라서 완벽히 그 결과는 달라진다는 이야기입니다. 이에 빗대보면 연습이라는 게 바로 그런 의미예요.

여러분 지금 6월 평가 점수에 연연하고 있지 않으셨습니까?

6월 평가원 모의고사나 9월 평가원 모의고사에 학생들이 긴장하거나 불안해하거나 심지어 저주하기도 합니다. 이 학생들의 특징이 뭔지 아십니까? 단지 시험 점수에 연연해요. 부모님에게 "나 잘 찍었어요!" 이 말 한마디 하기 위해서 공부합니다. 그러다 보니 6월 평가 시험 잘 쳤다고 해도 9월 평가 전에 또 불안해하거나 긴장하면서 저한테 달려와서 상담합니다.

하지만 여러분께 제일 중요한 건 수능이잖아요. 6월 평가원 시험은 수능에 대비해서 내가 가진 약점을 빨리 간파하고 보완하게 할 준비 과정이에요. 그래야 본시험인 수능에서 긴장하지 않고 최상의 컨디션으로 시험을 잘 치를 수 있잖아요.

여러분, 시험 치른 경험 많잖아요? 왜 아직까지 긴장해요? 긴장이란 낯선 것 때문에 오는 내 안의 감정이에요. 왜 시험이 낯섭니까? 똑같은 교실에 매번 시험을 치는데 왜 낯설어요? 시험을 연습하지 않고 단지 점수에만 매달리다 보니 그런 거 아닌가요? 나의 실수를 간파하지 못한 상태에서 계속 쭉 끌고 가다 보니 그 상태에서 알려주는 신호가 이 불안이라는 겁니다.

물론 6월 평가 점수를 잘 받으면 좋습니다. 그런데 중요한 것을 알아야 합니다. 우선순위가 명확해야지만 앞으로의 방향성이 보여요. 이번에도 점수에 연연하고 그냥 연습이 아닌 실전같이 한다면 아마 또 긴장과 불안을 지니고 그 마음 그대로 9월 평가원 그리고 수능까지 갈 확률이 크다는 것입니다.


6월 평가원 시험은 여러분에게 무엇입니까? 수능과 가장 근접한 시험이기 때문에 이런저런 실수 패턴을 찾아 수정해서 수능 시험에 적용하게 하는 것이죠. 그렇게 할 수 있다면 여러분은 웃으면서 이번 1년을 즐겁게 마무리할 겁니다. 연습은 분명히 연습같이 하는 겁니다. 절대 실전같이 하면 망칠 확률이 높죠.

가장 빠르게 여러분의 성적을 올리는 비법은 자신이 늘 하는 패턴의 실수만 줄이는 겁니다. 그렇게 하려고 하면 불안도 사라지고 평균 10점은 올라갈 거예요.

6월 평가가 중요하지만 수능에 비교했을 때는 아니라고
이야기했습니다.
6월 평가원 시험은 수능과 근접한 시험이기 때문에 패턴을 찾아 수정해서
수능 시험에 적용하게 되면 이번 1년을 즐겁게 마무리할 겁니다.


## 성실한 동기로 유혹할 것!

6월 셋째 주입니다. 이제 멈추지 말고 성실함으로 밀어붙여 할 시
간이에요.

우리 학생들이 흔하게 이런 말을 해요.

"왜 저는 꾸준하지 못하고 쉽게 그만둘까요?"

제가 그 원인을 찾느라고 고생 좀 했거든요. 그래서 지금부터
제가 만든 동기 분류인 성실한 동기와 게으른 동기로 나눠 그 원
인에 관해 이야기해 보겠습니다. 아! 이것은 제가 만든 단어예요.
그래서 네이버나 구글에는 없어요.

인간의 기본적인 본성은 성실보다는 게으름에 가까워요. 본성
은 편안함을 주로 추구하거든요. 그런데 성실이 본성이 아닌가 생

각하는 분들이 많은데 두려움이나 불안 때문에 인간은 성실하게 생활하려고 노력하는 편이에요. 성실하지 않으면 인생에서 원하는 결과를 얻지 못할거라고 생각하거든요.

어른들이 회사에 정해진 시간에 출근하려 하지요. 왜 그럴까요? 회사에서 잘릴지 모른다는 부정적인 감정에서 부지런히 움직이기 시작하는 겁니다. 인간은 대부분 게으름에서 시작되는 게 많아요. 게으름은 우리의 심리적 방어기제로 '자기 합리화'도 될 수 있죠.

## 게으른 동기보다는 성실한 동기가 훨씬 더 자극적이기 때문에

저는 아침에 일어나면 달리기를 합니다. 하지만 꽤 오래 한 지금도 적응이 안 돼요. 아침에 눈 뜨면 유혹이라는 '게으른 방어기제'가 나타나기 때문이에요. 머릿속에는 달리기를 해야 한다는 명령이 떨어져요. 그런데 너무 가기 싫죠. 나의 본성은 게으름이기 때문이죠.

"종환아, 요즘 많이 뛰었어, 무릎도 아프잖아. 오늘 하루 안 뛴다고 해서 문제 되지 않아. 살도 많이 뺐고, 지금 다이어트도 하고 있잖아."

이렇게 저를 유혹하죠. 게으른 본성이 끊임없이 뒤에서 속삭입니다.

"쉬어~ 쉬어~ 좀 게을러도 돼. 너 쉬어도 돼." 너무 강한 유혹

아닌가요?

그렇다면 성실한 동기는 무엇일까요? 성실한 유혹을 해보세요. 멋진 상상일수록 유혹의 효과는 좋습니다.

"종환아. 네가 달리기 할 때마다 얼마나 멋진지 알아? 어? 온몸에 땀방울이 흐를 때 얼마나 괜찮은지 알아? 끝나고 집에 돌아왔을 항상 행복했던 것, 기억나지? 봐봐, 너 기분 좋잖아. 샤워하고 거울을 봤을 때 너 스스로 멋지지? 그렇지?"

이렇게 성실한 동기로 유혹하다 보면 게으른 동기보다는 더 자극적이기 때문에 일어나서 달리기하러 나갈 가능성이 좋은 상상을 자극하다 보면 행동이 나타난다는 거예요.

어떤 친구가 와서 "선생님, 저 ○○에게 고백할 용기가 없습니다" 이런 말을 해요. 고백하게 만드는 방법은 딱 하나예요. 자신의 상상을 바꾸는 거예요. 여러분이 고백 못 하는 이유는 딱 한 가지죠? 고백했을 때 거절당하는 상상! 이제 고백 상황을 다르게 상상하며 스스로 유혹해 보세요.

고백했을 때 상대방이 정말 좋아해요. "너의 고백을 기다렸는데 왜 이제서야 하니?"라는 말을 듣는 상상을 해요. 어때요? 기분 좋죠? 이렇게 스스로 유혹하는 겁니다. 고백할 행동으로 나가기 시작한다는 겁니다. 공부도 마찬가지입니다. 여러분이 "내가 앉아서 공부하는 모습이 얼마나 멋진 줄 알아! 이 모습이 쌓이고 쌓여서 내가 원하는 성적을 받고 원하는 대학에 들어갈 거야. 부모님에게

얼마나 완벽하고 얼마나 괜찮은 사람인지 증명할 거야, 내가 원하는 대학에 가서 동네를 지나치다 옛 친구를 만나서 약간은 수줍게 어느 대학 다닌다고 했을 때 멋지겠지!"

그렇게 유혹하다 보면 여러분의 행동 의지가 점점 강해진다는 것을 꼭 기억해주세요. 자주자주 유혹하시고요. 자기에게 도움이 되는 유혹을 많이 했으면 좋겠습니다. 유혹에 항상 이기지 말고 역으로 자신을 유혹해 보세요.

좋은 상상을 자극시키다 보면 행동이 나타납니다.

자기에게 도움이 되는 유혹, 많이 했으면 좋겠습니다.

# 넷째 주
# 자신감을 주는 수업

## 6월 평가 목매지 않는다

6월 평가원 모의고사가 끝나고 난 다음, 선생님들이나 부모님이 평균적으로 먼저 물어보는 게 뭐죠? 잘 쳤니? 하지만 제가 여러분에게 말하고 싶은 건 딱 하나입니다.

"여기까지 오시느라 고생 많으셨습니다."

중요한 건, 6월 평가에 대한 자세입니다. 앞에서도 말했듯 6월 평가는 무조건 잘 치면 안 되는 시험입니다. 그 이유는 평가원을 잘 치게 되면 여러 가지 감정이 나타나기 때문이죠. 저는 심리 담당이잖아요. 심리 수업은 기나긴 공부생활의 멘탈 관리를 위한 목적이지 6월 평가원이나 매번 치는 시험을 위한 것만은 아닙니다.

6월 셋째 주, 이 장에서는 '눈치'에 관해서 이야기하겠습니다. 사회생활이든 학교생활이든 눈치 빠른 사람이 대인관계가 좋고, 눈치 빠른 사람이 학습 습득도 빠르죠.

저는 딸 둘, 아들 하나거든요. 우리 아이들을 보면 태생적으로 딸들이 눈치가 빠르다는 생각이 들어요. 한번은 아내가 아이들 때문에 화가 났습니다. 그때 딸들은 아내한테 가서 "엄마, 왜 그래? 화났어?"하며 기분을 풀어줘요. 아내가 현재 화가 났다는 걸 인지하는 거죠. 그리고는 곧 "엄마, 미안해, 잘못했어요"라고 말합니다. 공감한다는 얘깁니다. 눈치가 생기는 거죠.

그런데 막내가 아들이거든요. 아들은 아내가 화나 있는 똑같은 상황에서 웃으면서 "엄마, 뭐해? 배고파, 밥 줘" 막 그래요. 공감대가 형성 안 되는 거죠. 상대가 화가 났고 인상을 쓰고 있는데 그 앞에서 웃는다는 건 공감대 형성을 못 하는 거예요. 막내가 눈치도 참 없어요. 딸들은 상대방의 액션을 잘 보다 보니 혼날 일이 없는데 막내는 아내가 화가 났음에도 계속 던지고 어지르고 소리 지르고 해서 나중에 혼자만 혼나게 돼요.

이런 예를 제가 왜 들었나요? 여러분이 대인관계뿐만이 아니라 어떤 상황에 놓여도 눈치가 빨라야 그 상황에 맞춰 조심할 수 있다는 말이에요.

## 우리는 목적지가 어딘지를 보셔야 해요

6월 평가에 직면했을 때 과연 어떤 눈치를 채야 할까요? 6월 평가를 아주 잘 치게 되면 첫 번째로 자만이 나와요. 12월, 1월, 2월, 3월 공부를 시작했던 친구들이 '나 혼자 해도 되겠네' 이런 생각을 하며 학원을 그만두거나 계획의 완성도를 낮춰가기도 합니다. 이건 자만이죠.

자만이 나오게 되는 경우를 보겠습니다. 내가 이제까지 6개월 동안 하루에 5시간 공부하며 노력했을 경우 3등급이 나와야 하는데, 운 좋게 1등급이 나와버렸어요. 그럼 이제 5시간만 공부해도 1등급이 나온다고 생각해 공부 시간 절반을 줄이게 됩니다. 왜냐하면 6월. 7월, 8월. 9월 평가까지, 10시간을 공부해야 하거든요. 하지만 운 좋았던 경험으로 항상 5시간을 공부하다 보니 9월 평가에서는 그 이상 또는 그 정도의 성적을 받기가 쉽지 않다는 이야기에요.

그다음에 나타나는 자만의 결과가 무엇일까요? 9월 평가원 시험을 앞두고 불안해하기 시작합니다. 6월 평가원 때 잘 치다 보니까 여러분의 성적 기준점이 어디죠? 네, 6월 평가원으로 고정된 거죠. 만약 9월 평가원 시험이 잘 나오지 않는다면 어디에 가장 심리적으로 영향을 미칠까요? 네, 바로 최종 목적지인 수능입니다.

목적지가 어딘지를 봐야 해요. 내 목적지가 수능이냐 아니면 6월 평가원이냐에 관해 생각해 봐야 하는데 바로 앞에 있는 이익에 연연하는 경우, 그 마지막 목적지에 가는 것이 어렵습니다. 6월 평가원 모의고사에 왜 그렇게 목숨을 거는 줄 아세요? 단정해 말하면 딱 하나밖에 없습니다. 부모님께 잘 보이기 위해서요. 특히 재수생 같은 경우는 부모님께 많은 학원비로 부담 주면서 시작했는데 3월, 4월 모의고사에서 원하는 성적이 안 나왔어요. 특히 부모님이 만족하는 성적이 안 나왔을 때, 그 마지노선으로 설정되는 게 6월 평가원 모의고사죠. 그런데 이 시험을 너무 잘 치렀을 때는, 자만에 빠져 공부를 하지 않았던 시절로 회귀할 수도 있으니 정말 조심해야 합니다.

제가 눈치가 빨라야 한다고 하는 이유는 딱 하나예요. 6월 평가를 이렇게 생각해야 합니다. 눈치가 빠른 친구는 '아, 내가 5시간 동안 공부해서 이 성적을 받았으니, 여기서 한 시간 정도 더 공부 시간을 늘린다면 더 높은 점수를 받겠네'하며 자신의 위치를 파악합니다. 그 자세가 도움이 됩니다.

군대에서 주어진 임무 중에 한 번도 가보지 않았던 적지에 가서 목적지를 찾아서 임무를 완수하는 것이 있습니다. 목적지를 찾아가는 방법을 '독도법'이라고 하는데 등고선만 보이는 군사지도와 나침반으로만 찾아가는 것이죠. 그 목적지를 찾아갈 때 제일 중요한 것은 자신의 위치를 파악하는 것입니다. 자신의 위치를 모르는 상태라면 무작정 길을 떠나는 것에 집중하겠지만 자신의 위치를 파악하고 목적지를 가려고 한다면 거리, 시간 등을 체계적으로 잡을 수 있고, 여러 상황을 어느 정도 예측할 수 있습니다.

6월 평가는 어떤 의미입니까? 여러분이 수능에 대해서 어떠한 대처 능력을 지녀야 할지 보는 거지, 한 번 시험 잘 쳤다고 "엄마 아빠 잘 쳤습니다" 이렇게 자만하라고 치르는 건 절대 아닙니다. 6월 평가원 모의고사를 못 쳤다고 해서 내 '인생이 끝났다!' '나는 수능에서 이 점수가 나올 거니까 더 이상 공부할 필요 없어'라는 성급한 생각을 하는 것도 절대 아니라는 거죠. 이 상황을 파악하려면 눈치가 빨라야 합니다.

여러분이 어떤 것을 준비할지 다시 한번 생각해 보세요. 성적이 내가 원하는 만큼 성적이 나오지 않았다면 공부 방법에 어느 정도 문제가 있지 않을까요? 여러분의 학원, 학교 등의 과목 전문가들에게 상담해 보세요. 그분들은 전문가니까요. "저는 이렇게 공부했는데도 성적이 이 정도 나왔습니다"라면서 자세한 상담을 받아 다시 재수정하는 시간을 가질 수 있다면 이 6월 평가는 아마 여러분에게 도움을 주는 큰 역량이 되지 않을까 싶습니다.

어떤 상황에도 눈치가 빨라야 한다는 거 꼭 기억하시길 바랍니다. 눈치가 빠르면 대인관계든 교실 안에서든 아니면 사회생활 어떤 곳이든 성공한다는 거 꼭 명심하세요.

## 경험이 쌓이면 자신감이 된다

벌써 6월 마지막 주입니다. 이번 장에서는 경험에 관해서 이야기하겠습니다. 저는 학생들한테 끈기, 인내에 대해 설명하면서 특수부대 시절의 예를 들어 이야기할 때가 있습니다. 그런데 학생들이 그 이야기를 듣고 난 다음, "선생님 특수부대를 나오면 뭐가 좋아요"라는 질문을 자주 하더라고요.

그러면 저는 항상 말합니다. 특수부대를 나왔더니 폼, 몸짱 그런 게 아니라 **삶을 대하는 태도가 많이 달라졌다고요.** 예전에 저는 성급하고, 부끄럼도 많고, 말도 잘 못하고 그랬거든요. 자신감이라는 단어 자체가 머릿속에 없었던 사람이에요. 남 눈치나 보고, 남 신경 쓰면서 항상 그들에게 끌려다니는 아이가 바로 저였습니다. 특수부대를 나오고 난 후 정말 많이 달라졌어요. 일단 불평불만이 없어졌어요. 아무래도 특수부대 훈련 자체가 쉽지 않거든요. 그 힘든 훈련을 겪고 나니 현재 사회생활에서 거치는 고통이 그렇게 힘들지 않다는 겁니다. 제가 인내심이 좋아서가 아니라 단지 제가 다른 사람과 경험치가 다르다고 강조하는 겁니다.

어쨌든 지금이 군대생활보다 힘들진 않거든요.

## 말하지도 못하는 설명할 수 없는 그 인내 때문에 많이 힘들어하지 않으셨나요?

저는 한 번씩 부모님 대상 교육을 하거든요. 첫 번째 질문하는 게 뭐냐면 "요즘 아이들 참 인내심이 없죠?"라고 질문합니다. 대부분이 인정한다고 말하세요. 다시 한번 더 질문을 합니다.

"여러분이 생각했을 때 인내심이 뭐라고 생각하십니까"라고 질문하면 "참는 거요" 대답하죠. 그때 다시 물어봐요. "참는 거라면, 그 기준이 어떻게 됩니까?" 이때 어떤 부모님도 대답을 잘 못하더라고요.

우리는 자신이 속한 사회로부터 일상의 경험을 배웁니다. 그 사회는 부모님이기도, 선생님이기도, 내 주위에 어른들이기도 합니다. 그런데 힘들면 '무조건 참으라'고 배웁니다. 힘든 상황에 슬기롭게 대처하는 능력보다는 '무조건 참아라'란 쪽이 많았죠.

왜 '인내심이 없냐? 끈기 없냐?'라는 이야기를 듣는 줄 아세요? 인내라는 정체를 모르기 때문이에요. 내가 알고 있는 지식을 설명할 수 없다면 그건 내 지식이 아니기 때문에 절대 행동으로 나오기가 쉽지 않아요.

"선생님 저 서울대 가고 싶습니다." 어떤 학생이 이야기할 때 "서울대? 왜?" 이유에 대해 구체적으로 설명할 수 없던 학생들이 목표대로 서울대 가는 건 거의 못 봤습니다. 하나의 목표가 설정되고 또 내가 알고 있고, 알고 있는 걸 설명할 수 있는 사람이 목표를 달성할 가능성이 높잖아요. 이를 적용하면 인내도 설명할 수 있다면 인내심이 높은 사람이 되기가 수월하다는 말이죠.

보이지 않는, 없는 인내를 찾지 마세요. 대신 경험치를 쌓으면 되는 거예요. 내가 1km를 달려왔던 경험이 있습니다. 경험치가 있는 거죠. 그러면 어느 날 800미터 완주라는 과제가 생긴다 해도 성공할 수 있는 확률이 굉장히 높다는 얘기잖아요. 그런데 내게 100미터 경험치가 있었다면 갑자기 500미터를 뛰라면 뛸 수 있겠어요? 실패할 가능성이 크죠. 이때 모르는 사람은 인내가 없다고도 얘기할 수 있어요. 그래도 매일 매일 200m 300m 400m씩 경험치를 쌓게 된다면 할 수 있는 확률이 높다는 거예요.

제가 특수부대 나와서 좋은 게 그거예요. 경험치가 좀 많잖아요. 내 삶을 대하는 태도가 달라진 거죠. 제 강의는 성인들에게도, 학생들에게도 맞추어 진행합니다. 매주 강의하는 곳은 기숙학원이에요. 수업을 위해 보통 금요일에 집 나가서 화요일 집에 들어가요. 상담이 정말 많거든요. 집에서 출퇴근하면 왕복 3시간 거리라 상담할 시간이 많이 줄어듭니다. 그래서 아예 외박하고 난 다음에 집으로 가는데 거의 4박 5일이잖아요. 집에 들어가면 생계를 책임지는 가장으로서 뿌듯함도 있지만, 때로는 뭔가 대우받고 싶은 마음이 들기도 합니다. 몸과 마음이 힘들수록 더해요. 대우받고 싶은 마음으로 시작해서 저의 머릿속은 어리석은 생각으로 가득 찰 때가 많죠. 너무 다행스러운 것은 군대라는 경험이 이러한 생각, 가장인 나만 힘들다는 생각이 어리석다는 것을 빨리 알려주는 거예요.

저는 언젠가 37개 나라를 돈 한 푼 없이 무일푼으로 여행했던 시기가 있었어요. 노숙 생활로 굶고 지냈던 경험도 많다 보니까, 부실한 대우를 받는다는 느낌이 거의 없어요. 어쩌다 좀 더 대우받고 싶은 마음이 생기면 그 마음으로 가족들을 대하려 노력합니다.

여러분은 인내심이 없는 게 아니에요. 왜 스스로 인내심이 없다고 생각하세요? 구체적으로 말하지도 못하는 설명할 수 없는 그 '인내 없음' 때문에 힘들어하지 않았나요? 하지만 이제부터 경험치를 쌓아가면 생각이 달라지는 걸 알 수 있죠.

여러분에게 한 시간만 공부했던 경험치가 있다면 두 시간이란 과제를 받으면 쉽지 않아요. 하지만 이제부터 경험치를 쌓아 내 공부 시간을 늘려보세요. 이번 시간은 '네 시간까지 앉아 있어 볼까?' 생각하며 새로운 경험치를 계속 늘려본다면 흔히 얘기하는 인내심이 생긴다는 거 꼭 명심하세요.

다시 한번 강조합니다. 여러분은 지금 인내심이 없는 것이 아니라 경험치가 아주 조금 부족할 뿐입니다. 경험치를 많이 쌓으십시오. 경험치가 많으면 많을수록 여러분에게 정말 좋은 환경으로 인도해 줄 하나의 길이 나타날 겁니다.

여러분은 인내심이 없는 게 아니에요.

왜 스스로 인내심이 없다고 생각하세요?

없는 인내를 찾지 마세요. 경험치를 쌓으면 되는 거예요.

## 에필로그

저는 어린 시절에 얻었던 마음의 상처를 쉽게 벗어나지 못해 늦게 나마 심리학을 전공하고 상담과 강의를 합니다. 그리고 이제야 어떻게 하면 부정적인 사고방식을 긍정적 생각으로 바꿀 수 있는지를 깨닫게 되었습니다. 그리고 지금은 더 큰 희망으로 긍정적 심리를 얻을 수 있는 방법을 소개하고 있습니다. 마음의 상처를 입은 많은 학생들에게 어떤 도움이라도 주고 싶어 국내 최초로 메가스터디에서 '심리'라는 과목을 온라인으로 개설하여 희망을 전해 주고 있습니다.

이 책 역시 공부에 지친 학생들의 무릎에 놓여 긍정적 사고와 안정감을 전해 드리고자 펴냈습니다. 힘든 나날이지만 더 나은 삶을 누릴 내일을 바라보며 파이팅하시길 바랍니다.

2024년 3월

김종환

공부에 지친 학생들을 위한 심리 수업(1학기편)
ⓒ 김종환 2024

초판 1쇄   2024년 3월 25일
초판 2쇄   2024년 6월 28일

지은이    김종환
펴낸이    고진
디자인    육일구디자인
마케팅    이보민 양혜림 손아영
펴낸곳    (주)북루덴스
출판등록   2021년 3월 19일 제2021-000084호
주소.     04043 서울시 마포구 양화로 12길 16-9(서교동 북앤빌딩)
전자우편   bookludens@naver.com
전화번호   02-3144-2706
팩스      02-3144-3121

ISBN 979-11-986790-0-0  13370